L'ÉQUITATION PRATIQUE

4881. — PARIS, IMPRIMERIE A. LAHURE
9, rue de Fleurus, 9.

Photoglyptie Lemercier & Cⁱᵉ Paris

LE NOUVEAU MANÉGE DE Mᴿ J. PELLIER FILS, AVENUE DU BOIS DE BOULOGNE, 24.

L'ÉQUITATION PRATIQUE

PAR

J. PELLIER FILS

QUATRIÈME ÉDITION

PARIS

LIBRAIRIE HACHETTE ET Cie

79, BOULEVARD SAINT-GERMAIN, 79

1882

Droits de propriété et de traduction réservés

INTRODUCTION

E n'entreprends pas de faire un traité d'équitation; je suis inhabile en l'art d'écrire, et en outre j'ai cru remarquer que les traités affectaient une forme beaucoup trop absolue pour rendre les mille nuances que présentent l'éducation du cavalier et celle des chevaux. Ce petit livre contient une suite de conseils dont le but est d'indiquer la meilleure route à suivre dans la pratique usuelle de l'équitation. Qu'on ne s'attende donc pas à y trouver des aphorismes immuables et uniformément applicables à tous les chevaux, jeunes ou faits, bien ou mal conformés. J'ai essayé de retracer aussi clairement et aussi succinctement que possible les leçons que je donne tous les jours. Pour mettre mon travail à la portée de tous les amateurs d'équitation, j'ai dû prendre le poulain au sortir de l'herbage et donner sur la première éducation des notions détaillées. De là j'ai conduit le cheval de selle jusqu'à son entier développement et à son emploi au dehors.

Il faut se convaincre que pour bien mener un cheval, même dans une seule promenade, le cavalier doit supposer qu'il complète son dressage. C'est là, je crois, le plus sûr moyen d'acquérir l'esprit d'observation et le tact, sans lesquels il n'y a pas de véritable homme de cheval. On pourra s'inspirer des préceptes qui vont suivre pour monter tous les chevaux, en leur faisant subir préalablement une sorte d'examen ; l'on reconnaîtra ainsi par quels moyens on peut arriver à en tirer le meilleur parti.

Le dressage au dedans étant la préparation nécessaire à l'emploi du cheval au dehors, on trouvera dans cet ouvrage : 1° des indications pour dresser et conduire le cheval à la promenade ;

2° les procédés à employer pour dresser les chevaux au saut des obstacles ; 3° enfin quelques mots sur l'équitation des dames. L'essai du cheval en vente fera l'objet du dernier chapitre.

Avant d'entrer en matière, il est nécessaire de dire quelle est la base fondamentale sur laquelle repose mon enseignement ; la voici : à mon avis, on a trop considéré, depuis quelques années surtout, le cheval comme un instrument passif et mécanique de locomotion, comme une machine inerte, mue par des ressorts dont le jeu doit être infaillible, lorsqu'il est sollicité d'après des règles données. On a trop oublié non-seulement que cette machine est soumise à des lois mathématiques de structure, mais qu'elle offre aussi les caractères distinctifs et tout spéciaux de l'animalité ; en un mot, qu'elle est susceptible de sentir, de vouloir, de lutter et de se souvenir.

Voilà ce que je m'efforcerai de rappeler.

Les traditions de ma famille, les excellentes leçons de mon père et mon expérience personnelle m'ont rendu éclectique, et l'étude des ouvrages anciens et modernes écrits sur l'équitation m'a inspiré une profonde aversion pour l'esprit de système.

L'application des préceptes que l'on va lire se pliera aux diverses phases du dressage, aux natures variées des chevaux. D'ailleurs, si l'on voulait tout dire et tout prévoir, on se perdrait dans ce labyrinthe de différences imperceptibles que l'enseignement direct et constant du maître peut seul faire apprécier à l'élève.

Afin d'avoir un point de départ assuré, nous supposerons que le cavalier et le cheval sont tous deux à portée de recevoir des leçons réellement profitables, c'est-à-dire que le premier a *appris* le rudiment de l'art, une tenue solide et la connaissance des effets de la main et des jambes; et que le second, par son âge et par un élevage bien entendu, peut supporter le poids de l'homme et un travail journalier.

J'insiste sur ce mot *appris*, parce que je n'admets pas les prétendus cavaliers de la nature; les centaures de la fable étaient des monstres fort laids, qui heureusement n'ont pas fait race. L'homme qui se fie, pour monter à cheval, à sa hardiesse, à son goût et à ses lumières personnelles, arrivera à gouverner médiocrement un certain nombre de chevaux ; il les conduira, il les routinera peut-être, il ne les dressera jamais. Celui-là seul à qui les leçons d'un maître véritable ont enseigné une bonne position et le juste emploi des aides, pourra, s'il joint à son acquis le tact et l'application, entreprendre avec des chances de succès le dressage de tous les chevaux dans les limites de leurs moyens.

Les cavaliers innés ou qui se flattent de l'être ont existé de tout temps, et ceux qui débitent aujourd'hui tant d'absurdités contre la nécessité de l'enseignement équestre ne font que copier leurs devanciers ; c'est une tradition de vanité qui se perpétue avec les siècles.

Le duc de Newcastle, qui vivait sous le règne de Charles II roi d'Angleterre, et qui fut l'écuyer le plus remarquable du dix-septième siècle, tançait vertement les présomptueux cavaliers *d'instinct*. Si le vieux duc, au lieu de s'adresser aux gentilshommes de son époque, sortait tout à coup de son tombeau de Westminster pour haranguer de sa voix magistrale les sportsmen du bois de

Boulogne, n'aurait-il pas encore mille fois raison de dire :

« La raison pourquoi ces sortes de gens blâment et décrient l'usage du maneige, est qu'iis sont fort ignorans, et qu'ils voudroient passer pour habiles gens, en parlant des choses qui sont infiniment au-dessus de leur connoissance. Ce sont des décideurs qui croyans l'emporter en parlant beaucoup et quoy que mal à propos, voudroient passer pour sçavans; mais la véritable raison est aussi, parce que ils ne sçavent pas comme il faut travailler, et, ne le pouvant faire, ils n'osent pas monter un cheval, et voudroient néanmoins passer pour les plus adroites personnes du monde en toutes choses, sans avoir pris la moindre peine de les apprendre, et voyans d'ailleurs qu'ils ne peuvent pas sçavoir comme il faut mener un cheval, ni le travailler dans les règles; ne le sçachant pas, ils disent que le maneige ne sert à rien, qu'il n'est d'aucun usage, ni d'aucune utilité; mais si tout ce qu'ils ne peuvent pas faire étoit inutile et mauvais, il y auroit sans doute peu de bonnes choses dans le monde. De plus, ils croyent qu'il est honteux à

un gentilhomme de faire quelque chose de bien
et dans l'ordre ; ainsi, il est honteux à leur sens
d'estre bon homme de cheval, quoy que plusieurs roys et princes se glorifient de l'estre[1]....»

Ce qui suit n'est-il pas la description la plus
pittoresque de la très-grande majorité des cavaliers qui sillonnent les Champs-Élysées en l'an
de grâce 1860 ?

« Mais voyons maintenant quelle est la posture
de ces sortes de gens à cheval, et ce que font
leurs chevaux sous eux. Ce cavalier dont toute la
science est en paroles, se met, le plus qu'il peut,
sur le derrière de la selle, comme s'il estoit assis
sur une chêse persée, ses jambes vers les épaules du cheval, comme des fourcaux de pistolets,
et la pointe du pied si fort en dehors qu'il peut
facilement donner de l'éperon dans l'épaule du
cheval ; et, finalement, il se tient fort couché en
selle : ce qu'ils appellent une belle et *agréable
assiette*, ou *posture à la négligence*, ne sçachant
pas tenir la bride dans la main, ni donner aucun aide, et ils paroissent à cheval comme des

1. Newcastle, *Nouvelle méthode pour dresser les chevaux.*
Traduction de Solleysel, chap. II, Paris, M.DC.LXXVII.

personnes étourdies des fumées du vin, tant leur posture est ridicule et contrefaite, et ayant envoyé quérir un sellier et un esperonnier, pour emboucher et seller leurs chevaux, ils croyent que tout est le mieux du monde : et voilà ces braves cavaliers qui sçavent si bien haranguer, et si peu exécuter. »

Revenons aux chevaux, et disons quelques mots des poulains, dont l'éducation et l'hygiène sont en général si négligées dans notre pays, qu'il est utile d'appeler sur ce fait l'attention de tous les éleveurs.

Il est important d'*avancer* le poulain, de telle sorte qu'il puisse être monté au plus tard à trois ans et demi.

Afin de pouvoir commencer plus tôt son dressage, donnez-lui du grain au sevrage, et même avant. Les Anglais, que l'on doit citer en matière d'élevage, savent bien que pendant les deux premières années de l'existence une petite quantité d'avoine accélère la croissance, facilite le développement et augmente l'énergie plus efficacement que ne le ferait plus tard une ration beaucoup plus forte.

De deux à trois ans vous habituerez les jeunes chevaux à donner les pieds, à supporter le licou, le pansage, le bridon, le surfaix, la couverture, la selle, et de temps en temps le poids d'un enfant ou d'un homme très-léger.

A trois ans, s'il est possible, vous devez commencer sérieusement le dressage au montoir, dont je vous entretiendrai dans le second chapitre.

Pour obtenir les premiers résultats indiqués plus haut, il faut que le praticien intelligent soit livré à lui-même; car l'enseignement des détails n'est pas possible. On se servira avantageusement du caveçon pour maintenir le poulain en place ; mais rappelez-vous qu'il faut une grande prudence ou plutôt une extrême délicatesse dans l'emploi de cet instrument, soit que vous attiriez l'animal à vous en tirant sur la longe, soit que vous réprimiez les bonds ou les actes de méchanceté par des saccades. C'est sur les jarrets du cheval que vont se répercuter les secousses, et cette articulation doit être ménagée avec un soin extrême. Ainsi, que les saccades soient légères et qu'elles aient lieu dans le moment même des défenses. Employez la cravache sans colère et surtout sans brutalité. Au bout de quelques leçons sa vue seule produira un effet d'intimidation suffisant.

Voici une recommandation générale, fondée sur ces deux principes : esprit d'observation et progression suivie avec constance. Vous demandez au poulain une chose qu'il ne comprend pas ou qu'il se refuse à exécuter; il se défend : arrêtez-vous, paralysez la défense, que vous vaincrez souvent par la force d'inertie. Le cheval est redevenu calme, revenez à la chose demandée. S'il se défend de nouveau, même procédé; puis, **au** premier signe, même imperceptible, de soumission, suspendez vos exigences, flattez l'animal, il a cédé ou compris ; contentez-vous de ce résultat, si minime qu'il vous paraisse.

La demande, formulée au cheval avec un calme persévérant, lui a indiqué la voie qui devait le conduire à l'obéissance. Cette obéissance lui a servi de première récompense, puisqu'elle a fait cesser immédiatement la demande. Il a donc compris qu'il y avait pour lui avantage à ne pas prolonger la lutte.

En général, le jeune cheval craint extrêmement l'homme et lui suppose des intentions hostiles. Il est en vérité fâcheux que les animaux aient presque tous cette triste opinion de nous, plus fâcheux encore qu'ils aient souvent raison. L'âne qui disait à son propriétaire :

> Sauvez-vous, et me laissez paître :
> Notre ennemi c'est notre maître,

était un personnage rempli de sagacité.

Quoi qu'il en soit, si le poulain a peur de vous, votre douceur et votre insistance paisible, mais inébranlable, diminueront peu à peu son effroi.

Alors seulement il pourra chercher à vous comprendre. Aidez donc les efforts de ce petit cerveau de la bête, et que vos mouvements suivent votre élève en lui indiquant pas à pas la voie dans laquelle il hésite. Bientôt vous sentirez qu'il se fait en lui le travail suivant : « Est-ce ceci ? non. Est-ce cela ? pas encore. » Et il cherche de nouveau, vous aidez, vous semblez faire les réponses de ce dialogue muet, qui se termine par une caresse, au moment où le poulain, par un effort inattendu, cède, en paraissant dire : « Enfin ! j'ai compris. »

Je ne saurais trop recommander la brièveté dans les leçons. Répétez-les souvent, mais ne les donnez pas trop longues ; la lassitude rebute les jeunes animaux et les porte à refuser ce qu'ils ont parfaitement exécuté d'abord. La première éducation des poulains, trop souvent négligée, a une grande influence sur l'avenir du dressage : rappelez-vous le vieux proverbe :

> Ce qu'apprend poulain en jeunesse,
> Tout ce veut maintenir en vieillesse.

L'ÉQUITATION PRATIQUE

CHAPITRE PREMIER

POSITION DU CAVALIER.

E chapitre n'existait pas dans la première édition ; il m'a été demandé par un grand nombre de lecteurs, et je l'ajoute ici, bien qu'il ne rentre pas d'une manière bien précise dans le cadre restreint que je me suis tracé.

Les changements successifs apportés par le temps à l'équitation se sont étendus naturellement au harnachement des chevaux et à la tenue des cavaliers.

Les plus anciennes selles connues, inventées spécialement pour la guerre, se rapprochaient assez de la selle actuelle des Arabes. Le troussequin [1] était très-élevé. Énergiquement appuyé, et pour ainsi dire adossé à ce troussequin, le cavalier, soutenu d'ailleurs par des étriers très-courts, pouvait tendre le corps en avant et porter à son adversaire un vigoureux coup de lance.

La selle à piquer, employée au moyen âge, avait des battes [2] très-élevées en avant et en arrière, de manière à former autour du cavalier un bourrelet destiné à le maintenir immobile.

Solidement emboîté dans sa selle, le preux chevalier, les reins cambrés, les épaules effacées, la ceinture en avant, la jambe roidie et tendue sur l'étrier, recevait sans déplacement les chocs les plus terribles.

Depuis la Renaissance jusqu'à notre époque, la selle à piquer, modifiée et rendue plus légère, a été appelée selle à demi-piquer ou à la royale, et selle rase ou à la française. Dans la selle à la

---

1. Le troussequin est formé d'une palette ou pièce de bois dont le fil est placé sur l'arçon postérieur et verticalement pour qu'il ne puisse se rompre d'avant en arrière.

2. Les battes sont des bandes élastiques, fixées de chaque côté du pommeau et de l'arçon postérieur.

royale, les battes de derrière, moins élevées, laissaient entre elles et celles de devant plus d'espace pour loger la cuisse ; plus à l'aise pour le combat à l'épée, le cavalier se tenait avec moins de roideur que sur les précédentes.

La selle rase, encore usitée dans la cavalerie, est d'une extrême simplicité. Des battes peu élevées et peu prolongées par devant sont les seules parties apparentes au-dessus du siége ; le troussequin a disparu. Elle fut généralement adoptée en France pendant le dernier siècle. Les écuyers du règne de Louis XV, tout en conservant beaucoup des traditions de leurs devanciers, sentaient déjà la nécessité de recommander aux cavaliers la souplesse et l'aisance, non-seulement pour manier avec facilité leurs chevaux, mais encore pour être plus solides et plus précis, puisqu'ils n'avaient plus le soutien des battes de derrière.

Les Anglais, en confectionnant une selle sans battes, légère, plate, lisse, ont trouvé le moyen de soulager le cheval et de mettre le cavalier dans la position, ou plutôt les positions favorables à la vitesse. La selle glissante et longue de siége, en n'exigeant pas une adhérence absolue et sur des points fixes, permet au cavalier d'abord de supporter ou d'éviter à son gré les secousses répétées des allures allongées, et ensuite de déplacer plus facilement son poids en avant ou en arrière, suivant que les circonstances l'exigent.

On voit par ce qui précède que les principes qui préconisent l'emploi de la force, c'est-à-dire le soutien exagéré de la ceinture, la cuisse tournée très en dedans, ainsi que la pointe du pied, les étriers longs, n'ont aucune raison d'être dans l'équitation civile avec les selles que nous employons actuellement.

Je ne puis donner ici qu'un aperçu incomplet des divers moyens à employer pour arriver à une bonne position à cheval. Là, comme presque partout, en équitation, la pratique journalière bien guidée ne peut être remplacée par la théorie.

L'homme placé solidement et élégamment en selle a le corps droit sans roideur ; les reins souples, c'est-à-dire ni soutenus ni relâchés ; les fesses posées également et d'aplomb sur le siége de la selle ; les cuisses dans une position oblique, qui amène naturellement les genoux sur la partie rembourrée des quartiers, lesquels doivent être non pas droits, mais un peu avancés, de manière à donner de la longueur à la selle.

A partir des genoux, dont le pli doit être liant,

le bas de la jambe tombera perpendiculairement au sol. L'étrier sera assez court, pour que le talon se trouve toujours plus bas que la pointe du pied. Ne portez pas l'étrier long, sous prétexte de bien descendre vos jambes et de ne pas être *raccroché*; vous prendriez ainsi une posture incommode et disgracieuse, et vous resteriez longtemps vacillant en selle sur les chevaux difficiles. Les bras seront près du corps et non serrés au corps ; les mains à la hauteur de la ceinture et assez éloignées, afin que les coudes n'arrivent pas ridiculement en arrière lorsqu'il est nécessaire de marquer de vigoureuses oppositions de main.

On comprendra facilement que toute attitude prétentieuse, qui tient de la pose, doit être soigneusement évitée à cheval. Le débutant dans la carrière hippique cherche souvent à se modeler sur tel ou tel cavalier en renom qu'il a rencontré maintes fois, et c'est un tort ; on peut surtout appliquer ici le vieux précepte : « Ne forçons pas notre talent, » et la suite.

Cherchez une position régulière et solide avant d'essayer d'atteindre le laisser-aller à la fois souple et élégant que possèdent si bien, à la promenade, les cavaliers habitués à courir les chances du steeple-chase. Cherchez la bonne tenue, mais sans vanité, avec simplicité et naturel. Les anciens maîtres disaient déjà : « Pour réussir dans un art où le mécanisme du corps est totalement nécessaire, et où chaque partie de ce corps a des fonctions particulières et qui lui sont propres, il est incontestable qu'il faut que ces parties soient dans une attitude naturelle. Si elles étaient dans une situation défectueuse, elles seraient privées de cette aisance et de cette liberté qu'accompagne la grâce ; et tout mouvement que suit et que dirige la contrainte étant un mouvement faux et incapable de justesse, il n'est pas douteux que la partie forcée précipiterait le tout dans une disposition irrégulière[1]. »

Le même auteur ajoute judicieusement : « Il ne suffit pas, dans la leçon de l'assiette de l'homme de cheval, de s'en tenir uniquement à des règles triviales et suivies indifféremment, il faut les savoir digérer et en faire une juste application, proportionnément à la structure plus ou moins avantageuse de celui qu'on enseigne ; car tel mouvement naturel à cet homme est contraint dans celui-ci : de là ces défauts qui paraissent incor-

1. Nouveau Newcastle, 1771.

rigibles dans de certains sujets. Un peu plus de théorie, un peu plus d'attention, une étude plus sérieuse eussent fait cependant de ce cavalier désagréable un cavalier souple et liant[1]. »

Pour obtenir une bonne et solide tenue, exercez-vous souvent sans étriers sur des chevaux durs et déplaçants. Ce travail assouplit les reins, oblige le cavalier à s'asseoir et à prendre les vrais points d'appui, ceux de *l'assiette*. Le commençant, qui, dès le début, chausse les étriers, prend des points d'appui faux ou de pure convention, qui l'empêcheront toujours d'avoir une tenue à l'abri des déplacements imprévus.

Autant le travail sans étriers est profitable, autant, je le répète, celui qui consiste à porter des étriers longs est faux et pernicieux. Supprimez l'étrier complétement, ou portez-le au point que je vous ai indiqué plus haut. Avec l'étrier long, vous aurez non-seulement la mobilité de l'assiette, mais la jambe éloignée du cheval et mala droitement occupée, dans les moments critiques, à empêcher la fuite de cet étrier, qui devrait, au contraire, venir à son secours par un point d'appui sérieux sur lequel elle comptait.

1. Nouveau Newcastle, 1771.

Sur les réactions brutales, telles que bonds et ruades, rentrez la ceinture ; assurez toujours vos genoux, mais surtout dans les déplacements latéraux, les écarts et les sauts de côté, et servez-vous adroitement du jeu des hanches pour réparer le désordre de tenue occasionné par les mouvements brusques de votre monture.

Quand vous montez sans étriers, laissez la jambe et le pied tomber de leur propre poids et sans aucune contraction ; n'employez pas de orce, même dans le but de soutenir la pointe du pied. Trottez et galopez ainsi sur des selles lisses, et votre solidité deviendra telle, que vos mains et vos jambes pourront agir en toute liberté pour conduire le cheval. Mettez une sage progression dans ce travail ; des efforts violents au début vous fatigueraient sans résultat. Malgré la persévérance, malgré le courage, la solidité n'arrive que lorsqu'une gymnastique graduée a fortifié les muscles. Les chutes fréquentes, en retirant la confiance, retardent la solidité. Pourtant, d'après un vieux dicton, il faut tomber sept fois de suite pour n'avoir plus à redouter les chutes ; mais c'est sans doute parce que celui qui vient de tomber sept fois n'est plus s tenté désormais de remonter à cheval.

Les défauts de position des commençants sont,
à peu de chose près, les mêmes pour tous. Le
haut du corps est en avant, l'assiette bien loin en
arrière ; les coudes s'écartent, les mains sont élevées d'une manière exagérée ; une contraction
générale ne permet pas de suivre les mouvements du cheval. « Le but de tous les nouveaux
« cavaliers, dit un auteur anglais, doit être d'aller
« le plus possible vers l'avant de la selle tant
« que le genou ne le dépasse pas, et il n'y a guère
« d'effort de leur part qui leur fasse dépasser le
« but de ce précepte. » Il dit encore : « En s'as-
« seyant bien en avant, le poids est réparti entre
« le siége, les cuisses et les pieds, et le cheval
« peut se lever et s'abaisser dans son galop sans
« déranger son cavalier. Les genoux doivent être
« bien en avant pour prendre cette assiette, et
« aussi bien en avant des étrivières, car si on les
« met derrière, le corps est jeté trop en arrière,
« et la tenue est mal assurée. »

Je n'approuve pas comme exercice de tenue le
saut de la barrière sans étriers, la mobilité du
corps du cavalier ne lui permettant pas d'avoir la
justesse de main nécessaire pour ne pas gêner
l'élan de sa monture. Gardez-vous, en sautant
surtout, de contrarier l'effort généreux que vous

exigez du cheval; le saut parfait est d'ailleurs
assez difficile à exécuter pour le compliquer encore d'un travail de tenue.

Le sauteur dans les piliers est très-utile pour
le cavalier commençant. Bien dressé, il habitue
sans danger à supporter les mouvements désordonnés d'un cheval qui se défend. Seul, il ne suf-
firait pas à rendre solide et adroit en selle, mais
il y contribue puissamment en exerçant le jeu
des reins et des jambes.

Les étriers étant chaussés habituellement jusqu'au tiers du pied, servez-vous de l'éperon sans
remonter le talon et sans baisser la **pointe du
pied**; attaquez en tournant la pointe du pied un
peu en dehors, et en reculant modérément le bas
de la jambe, mais laissez toujours le genou adhé-
rent autant que possible au bourrelet de la selle;
ainsi, l'effet de la jambe précédera l'attaque de
l'éperon, et vous ne risquerez pas de perdre vos
étriers si l'éperon occasionne de la part de l'animal un bond ou un mouvement violent et inattendu.

Adoptez pour la main de la bride la position
depuis longtemps en usage; le poignet arrondi
sans contraction, les ongles tournés vers le
corps, le petit doigt plus rapproché de la cein-

ture que le pouce. La main droite tient la cravache et doit être souvent occupée par la rêne droite de la bride ou par les rênes du bridon. Cette tenue de la main droite vous empêchera de laisser tomber l'épaule droite et par conséquent de vous placer de travers.

Un grand nombre d'élèves contractent la mauvaise habitude d'avancer l'épaule gauche, parce que la main gauche est seule occupée à diriger le cheval. Ce défaut est remarquable surtout chez certains cavaliers militaires. Beaucoup d'autres ont un côté du buste creusé, et cela donne lieu à une position très-difficile à corriger, et dont les inconvénients sont graves pour l'avenir. Supposons en effet le côté gauche creusé, rentré pour ainsi dire, à la ceinture : l'épaule gauche s'affaissant parait plus basse que la droite; la hanche droite est jetée à droite, et la fesse droite aussi ; de sorte que le cavalier n'est plus au milieu de la selle. Il en résulte que la jambe gauche et la cuisse gauche sont contractées comme le pli même de la hanche; elles appuient fortement contre les quartiers de la selle. Ce mouvement de retrait fait paraître l'étrier gauche trop long ; tandis que la hanche droite rejetant en avant et loin du corps du cheval la cuisse et la jambe droite, l'étrier droit sur lequel s'exerce un trop grand appui paraît trop court. Pour obvier à cette défectuosité qui devient facilement une habitude, on doit fréquemment rejeter par un mouvement latéral de ceinture les hanches à gauche pour reprendre le milieu de la selle. On s'apercevra qu'on a réussi lorsqu'on se sentira peser bien également sur les deux pointes des ischions, et que les étriers paraîtront égaux. Si c'est la hanche droite qui creuse, on emploiera les moyens inverses.

Il est moins défectueux d'avoir le corps un peu en arrière que penché en avant; le mieux c'est d'être placé à peu près dans la verticale et sans roideur. Le buste dirigé trop en arrière rend trop ouverts les deux angles formés l'un par le corps et la cuisse, l'autre par la cuisse et la jambe; par suite, cette dernière s'éloigne forcément de la selle et se place toujours en avant, surtout aux allures vives.

Ne tenez pas invariablement la cravache près de la pomme et la pointe en bas, comme la canne d'un suisse de cathédrale. Tenez-la souvent vers le milieu de sa longueur, ou bien la mèche en l'air et dans une position oblique.

Changez parfois la tenue de vos rênes, passez-les dans la main droite qui conservera en même temps la cravache; ou bien, pour avoir la main droite libre, placez au contraire toutes les rênes dans la main gauche, la cravache en travers et sous le pouce de cette même main.

Pour le trot enlevé, dit à l'anglaise, fixez les genoux pour empêcher les jambes de remuer comme des battants de cloche; portez le haut du corps légèrement en avant; il ne faut pas attendre la réaction du cheval pour s'enlever, puisque le corps doit se trouver soulevé pendant qu'elle a lieu. Pour bien trotter à l'anglaise, on doit suivre le rhythme du trot de sa monture; tel cheval répète souvent ses foulées, dans ce cas précipitez le mouvement d'enlevé; tel autre au contraire les a longues et lentes, enlevez-vous davantage afin de rester plus longtemps tendu sur les étriers. L'homme qui trotte bien ne fait pas d'efforts; il règne entre ses mouvements et ceux du cheval une harmonie parfaite qui satisfait l'œil.

Lorsque vous avez perdu un étrier, ne le prenez pas avec la main pour le chausser. Tournez la pointe du pied en dedans, et frappez latéralement sur la branche de l'étrier, vous le ferez pivoter de manière à y introduire le pied facilement.

Le conseil suivant n'est pas précisément hippique; pourtant il n'est pas à négliger. Évitez les vêtements ouverts, ils sont d'un effet très-disgracieux à cheval; ayez une coiffure solide, et placée en avant. Un chapeau placé en arrière et ballottant à chaque temps du trot, donne l'air gauche et maladroit au cavalier le plus habile.

CHAPITRE II

E jeune cheval habitué de bonne heure au pansage, au bridon, en un mot, aux premières exigences de l'homme, se présentera beaucoup plus facilement au travail à la longe et à la leçon du montoir.

En France, les poulains sont, en général, peu préparés à l'avance au service; ils sont même presque complétement livrés à eux-mêmes jusqu'à l'époque où l'éleveur, leur ayant fait mettre un licou et une ferrure (qu'ils se rappelleront longtemps), les livre au commerce, qui commence immédiatement à les employer. La brutalité ou l'ignorance, quelquefois toutes les deux, président le plus souvent à l'enseignement que reçoit l'animal, et il échange ainsi brusquement la liberté de l'herbage et la société des autres poulains contre les longes de l'écurie et les mauvais traitements de son propriétaire, mécontent de ne pouvoir l'utiliser comme un vieux cheval. L'homme ne se montre à lui que pour exiger, sans prendre la peine d'expliquer ce qu'il veut, et pour frapper à la moindre résistance. Ceci est l'histoire non-seulement des poulains de gros trait, mais de neuf poulains de luxe sur dix. L'abrutissement ou la rétivité sont les conséquences naturelles de ces procédés, suivant que le cheval est lymphatique ou vigoureux. Aussi nos chevaux européens sont-ils loin de présenter cette physionomie intelligente et ouverte et cette docilité qu'on remarque chez ceux de l'Orient, qui pourtant ne sont jamais castrés, et qui doivent avoir, aussi bien que les Arabes leurs maîtres, des passions assez vives. Mais aussi ces Bédouins à demi sauvages aiment leur monture, et ils la rendent intelligente; lorsqu'elle a compris que l'homme n'est pas un bourreau, elle ne se refuse à rien; elle donne volontiers tout ce qu'elle a de forces et de courage. Les Orientaux pratiquent une espèce d'équitation instinctive qui ne réussirait pas sur les chevaux d'Europe, car il faut des animaux élevés comme des chiens, avec une sorte de tendresse, pour supporter la dureté de leurs mains et les raies sanglantes de leurs chabirs.

Voici un fait digne de fixer l'attention : tandis que nous, en pleine civilisation, nous perdons notre temps à inventer une foule d'engins ridicules pour diriger, arrêter ou dompter nos chevaux hongres, les Arabes, depuis Mahomet, se servent de leurs chevaux entiers avec un harnachement assez mauvais, ou du moins assez primitif au point de vue de la sellerie; et tous les officiers de notre armée d'Afrique s'accordent à affirmer la docilité de ces chevaux, malgré le peu d'art et les affreux outils de leurs cavaliers.

Le général Daumas, dans son bel ouvrage sur les chevaux du Sahara, me semble donner l'explication de cette anomalie en racontant l'éducation première du poulain au désert.

« Quoique sevré, dit-il, le poulain suit encore sa mère au pâturage; il y trouve cet exercice si nécessaire à sa santé et au développement de ses facultés. Le soir il revient coucher auprès de la tente de son maître; là, il est pour toute la famille l'objet des plus grands soins; les femmes et les enfants jouent avec lui, lui donnent du kouscoussou, du pain, de la farine, du lait et des dattes. Ce contact de tous les jours prépare cette docilité qu'on admire chez tous les chevaux arabes. »

Si chez nous les palefreniers étaient moins souvent au cabaret et davantage dans leur écurie, croyez-vous que tant de chevaux, déjà en service, déjà âgés, tireraient au renard? J'en connais un grand nombre, qui passent pour dressés, et qu'il est impossible d'attacher à un arbre ou à tout autre objet, sur la route, lorsqu'on veut descendre. Il est pourtant de notoriété publique, en Algérie :

« Que l'on apprend aux poulains à ne jamais fuir leurs cavaliers une fois qu'ils ont mis pied à terre, et même à ne pas bouger de la place où on leur a passé les rênes par-dessus la tête, pour les laisser traîner à terre. On apporte à cette éducation le plus grand soin, parce qu'elle est très-importante dans la vie de l'Arabe[1]. »

Nous autres, nous prenons moins de soins aussi nous faut-il des dompteurs. Je suis heu-

---

1. Daumas, *Chevaux du Sahara*, 1851.

reux d'avoir cité, à l'appui de mes recommandations, l'exemple d'un peuple qui, malgré ses
mœurs brutales et sa grande habitude de *vivre*
avec les chevaux, ne dédaigne pas d'user, dans
l'éducation des poulains, de précautions et de
ménagements que nous négligeons trop souvent,
et que notre présomption nous fait taxer de pué-
rilités.

Venons maintenant au travail à la longe, qui
précède ordinairement le dressage au montoir ;
à mon avis, si le poulain a été convenablement
élevé, s'il est d'un caractère doux et qu'il ne ma-
nifeste aucune disposition à l'insoumission, on
doit supprimer cette leçon dont le but principal
est de *baisser* le cheval, c'est-à-dire d'amoindrir
cette première fougue qui engendre, à la suite
des résistances, une lutte préjudiciable soit aux
membres de l'animal, soit à l'avancement dans
le dressage. En outre, le travail à la longe, étant
extrêmement délicat, doit toujours être confié à
des mains exercées. N'oubliez pas que le caveçon
est un instrument dangereux pour les jarrets,
lorsqu'il est employé avec rudesse.

Si vous avez affaire à un animal naturellement
irritable, qui vous fasse prévoir des résistances
immédiates, vous l'amènerez sur un bon terrain,

aussi uni que possible, avec la selle et la bride. Il aura sur le nez un caveçon auquel sera adaptée une longe de six à sept mètres environ. La position du caveçon n'est pas indifférente. Placez-le à un pouce environ au-dessus de l'extrémité inférieure des os du nez; plus haut il n'agirait pas, plus bas il presserait les cartilages, embarrasserait la respiration et causerait une douleur inutile. Serrez-le de manière à lui conserver un peu de jeu nécessaire à l'effet des saccades, et suffisamment pour qu'il n'écorche pas le nez par des mouvements trop durs. Pour mettre le caveçon, il faut boucler d'abord la muserolle sous les montants du filet, dont l'action restera libre. Dès que cette courroie est serrée, le cheval peut, à la rigueur, être tenu, et vous bouclez en second lieu la sous-gorge, qui est moins importante. Évidemment, pour retirer le caveçon, vous suivrez l'ordre inverse en débouclant. Tenant ensuite d'une main les rênes du bridon, et de l'autre la longe du caveçon à quelques centimètres de la tête de l'animal, on le fait marcher avec soi pour lui indiquer le terrain qu'il doit parcourir; on le flatte et on lui parle, afin de l'y habituer à l'avance, et de lui éviter des frayeurs qui souvent dérangent tout le travail. Il est préférable d'être deux pour cet exercice; l'un tient la longe et la déploie peu à peu, tandis que l'autre, placé derrière la corde qui se tend, chasse le cheval en avant en lui montrant une chambrière. Celui qui tient la longe forme le centre du cercle; l'autre suit les mouvements du cheval, en décrivant autour du premier, et toujours en arrière de la corde, un petit cercle parallèle à celui de l'animal. Dans le principe, peu importe la manière dont le cheval marche, pourvu qu'il se porte en avant; pour bien se servir de la chambrière, lorsqu'il s'arrête ou veut revenir dans l'intérieur du cerle, il faut la tenir horizontalement et parallèlement à la longe du caveçon. On ne doit pas la faire claquer sans nécessité, ou agiter le bras par de grands mouvements. Si le cheval se ralentit, on l'élève afin qu'il la voie, et dès qu'il a compris et allongé l'allure, on l'abaisse. Pour atteindre le cheval, vous viserez de préférence à l'épaule, ou derrière le passage des sangles, et vous toucherez sans bruit l'un ou l'autre de ces deux points. Lorsque les jeunes chevaux ont des dispositions à la ruade, on évitera de les frapper sur la croupe. Au bout de quelques tours d'un côté, on arrête le cheval à la voix, ou en secouant un peu le caveçon. On l'appelle au centre du cercle, on le caresse et on le change de direction. Habituez-le à passer du pas au trot à l'appel de la langue, et du trot au pas avec la voix, à s'arrêter sur le cercle, à repartir; le tout progressivement, pour le rendre docile et attentif.

« Comme il arrive souvent, dit la Guérinière, qu'un cheval, soit par trop de gaieté, soit par la crainte de la chambrière, galope au lieu de trotter, ce qui ne vaut rien, il faudra tâcher de lui rompre le galop en secouant légèrement le caveçon sur le nez avec la longe, et en lui ôtant en même temps la crainte de la chambrière; mais si au contraire il s'arrête de lui-même et refuse d'aller au trot, il faut lui appliquer de la chambrière sur la croupe et sur les fesses, jusqu'à ce qu'il aille en avant, sans pourtant le battre trop, car les grands coups souvent réitérés désespèrent un cheval, le rendent vicieux, ennemi de l'homme et de l'école, lui ôtent cette gentillesse qui ne revient jamais quand elle est perdue. »

Le nom de la Guérinière, écuyer du roi Louis XV, ne doit rester inconnu à aucun homme de cheval; son *École de cavalerie*, à laquelle j'ai emprunté les lignes qui précèdent, est le meilleur ouvrage que nous aient laissé les anciens maîtres. L'art lui doit d'avoir déterminé d'une manière fixe les principes de l'équitation, en les dégageant d'un certain nombre de procédés inutiles ou peu rationnels adoptés par ses devanciers.

Les préceptes de la Guérinière sont marqués au coin du bon sens, et exposés avec un style clair et d'une élégance remarquable.

La leçon du montoir, précédée ou non du travail à la longe, serait beaucoup plus facile si le poulain avait déjà supporté quelquefois, tant bien que mal, le poids d'un enfant. Malheureusement il n'est pas aisé de trouver toujours parmi les domestiques le petit gars tout à la fois hardi et obéissant, intelligent et calme, se bornant à exécuter à la lettre les ordres du maître. Une fois trouvé, l'enfant aurait encore besoin d'une surveillance continuelle, et à peu près impossible dans la plupart des cas. Nous supposerons donc que nous sommes en présence du jeune cheval habitué seulement à endurer la selle et les sangles.

Muni d'un caveçon avec la longe, le cheval sera bridé, sellé et sanglé suffisamment pour que la selle ne puisse pas tourner quand on prendra un point d'appui sur l'étrier. Vous commencerez par le promener quelques instants, afin qu'il n'ait pas le rein haut, et qu'il ne soit pas *gai;* vous l'arrêterez en tenant la longe à une petite distance du nez. Quand il sera complétement immobile, l'homme chargé de le monter se présentera sans brusquerie à l'épaule gauche. Si le poulain n'est pas effrayé à l'approche de votre aide, caressez-le et parlez-lui doucement. Si, au contraire, il s'agite avec inquiétude, remettez-le en place avant toute autre chose. L'aide posera alors la main gauche sur le pommeau de la selle; il prendra de la main droite l'étrier gauche et appuiera sur ces deux objets à différentes reprises. Puis il frappera le quartier de la selle avec l'étrivière, par petits coups d'abord, plus vigoureusement ensuite. Il caressera lui-même l'animal sur l'encolure, l'épaule et le flanc. Alors vous porterez le cheval en avant de quelques pas, et vous recommencerez le même exercice. Ces quelques pas en avant ont pour objet d'empêcher le jeune cheval de s'accoutumer, de s'enraciner, pour ainsi dire, à l'endroit où on lui a demandé un travail en place, et de se refuser à obéir ailleurs.

Si le cheval se défend, il luttera en se portant brusquement en avant, effrayé par la présence de l'aide ; celui-ci se retirera lentement, et vous maintiendrez l'animal par une opposition et non par un coup de caveçon. L'homme se rapprochera de nouveau, et s'il y a encore défense, la main du caveçon sera plus sévère ; elle le deviendra progressivement jusqu'à parfaite tranquillité.

Si le cheval jette ses hanches à droite pour échapper à l'homme qui s'approche, ou au contraire à gauche pour le repousser, vous vous emparerez de la rêne du filet du côté où le cheval a jeté ses hanches, et vous opposerez la tête à la croupe, sans lâcher votre caveçon qui se fera sentir comme châtiment. Pendant ce temps votre aide cesse toute action et se garde bien d'intervenir. Il ne demande rien avant que le cheval soit redevenu droit et tranquille.

Vous connaissez les moyens d'obtenir l'immobilité, je viens de vous les indiquer; la progression est maintenant très-simple. De la main gauche l'aide prendra les rênes du bridon très-lâches, à pleine main, sans les croiser, et une poignée de crins à peu près au milieu de l'encolure. Il présentera son pied à l'étrier, il le chaussera. Il posera la main sur le troussequin. Il s'enlèvera sur les poignets. Tous ces mouvements seront faits lentement et bien décomposés, pour que le cheval ait le temps de s'en rendre compte. C'est une grave erreur de croire qu'on obtient mieux en surprenant l'animal, surtout au montoir; on ne réussit qu'à le rendre pour longtemps tellement désagréable qu'il est impossible de l'enfourcher sans le faire tenir par quelqu'un. C'est un inconvénient qui a bien sa gravité à la promenade. Donc, beaucoup de calme et de gradation; que votre aide soit toujours prêt à se retirer s'il y a défense, et que votre caveçon et vos mains agissent à propos.

Si ces premiers résultats ont été obtenus difficilement, tenez-vous-en là, rentrez le cheval. A la leçon suivante, répétez les mêmes exercices, et que votre aide arrive à passer sa jambe droite tendue par-dessus la croupe, et à s'asseoir le plus légèrement possible, sans chercher à chausser l'étrier droit, comme il arrive presque toujours. L'homme qui cherche l'étrier droit a pour but d'empêcher que cet étrier vide ne tourmente le cheval par son balancement; mais le pied qui remue pour trouver l'étrier inquiète bien davantage l'animal. Faites durer cette leçon jusqu'à ce que le cheval supporte le cavalier en place. Il m'est impossible de fixer un délai pour ce travail;

en fait d'équitation, le temps à employer n'a d'autres limites que les résultats obtenus ; seulement je dirai : Gardez-vous soigneusement de la précipitation ; toute concession du cheval inspire à l'homme l'envie de demander immédiatement davantage, et c'est une faute. Là est l'écueil des cavaliers novices. C'est surtout au point de vue équestre que l'axiome italien est vrai :

Chi va piano va sano.

Variez, comme je l'ai dit, l'emplacement du montoir, l'homme descendant pendant que vous avancez le cheval de quelques pas, et remontant après un nouvel arrêt.

Vous rencontrerez des chevaux faits et en service qui ont été manqués au montoir ; il y en a malheureusement beaucoup. Vous emploierez avec eux le moyen suivant : Ne vous servez pas de caveçon, mais placé vis-à-vis la tête du cheval, saisissez de la main droite la rêne gauche du filet, assez longue pour que vous puissiez l'agiter facilement ; tenez de la main gauche la rêne droite près de l'anneau du filet, le bras tendu dans la direction de l'épaule droite du cheval ; aidé d'un homme qui montera le cheval, vous répéterez toute la leçon indiquée pour les poulains.

Pour redresser le cheval, vous opposerez avec chaque rêne la tête à la croupe, en ayant soin de secouer la rêne gauche, comme si c'était une longe de caveçon, et, si l'animal se jette en avant, vous le maintiendrez en secouant les deux rênes.

CHAPITRE III

PREMIERS ÉLÉMENTS DE DRESSAGE DONNÉS
AU POULAIN.

ALGRÉ les prétentions de certains pi-
queurs, nous pouvons affirmer qu'on
ne *dresse* pas les jeunes chevaux sur
les grandes routes ; en revanche, on peut les
y abrutir ou les rendre parfaitement rétifs.
Les raisons ne manquent pas pour justifier ce
que j'avance, et voici la principale. Les com-
plications perpétuelles de la voie publique, la
rencontre imprévue des diligences, charrettes,
animaux de toute espèce, etc., tout cela joint
aux fossés et aux berges, oblige le cavalier à
faire à chaque instant à son élève des conces-

sions déplorables, qui entravent singulièrement la marche du dressage. Le poulain ne répond ni aux jambes ni à la main : c'est un triste moyen de les lui faire connaître et respecter que de lui laisser voir qu'à un moment donné il est son maître, et qu'il est le plus fort. Vous vous préparez par là tout un avenir de luttes, et d'un animal doux et facile, vous faites ce que nous appelons vulgairement un *gueux*. De plus, même avec les concessions qui vous sont arrachées, vous n'éviterez pas toujours des accidents peut-être graves, soit pour vous, soit pour les membres de votre monture. Chez le cheval de trois ans, l'ossature est en travail : les surfaces de frottement des os qui forment les articulations sont encore séparées du corps de l'os par une couche de cartilages, et l'interposition de cette couche cartilagineuse entre l'éminence articulaire et le corps de l'os nuit à la solidité et explique le danger des efforts violents chez les jeunes chevaux.

Ce détail anatomique a une grande importance, et il est certain que, si on laissait à la nature le temps de faire son œuvre, aux cartilages d'interposition le temps de s'ossifier, afin que l'éminence soudée avec le corps de l'os ne fît plus qu'une même pièce avec lui, les articulations auraient la solidité nécessaire, la charpente osseuse ne serait pas compromise, et nous verrions moins de chevaux tarés prématurément. Mais on monte les chevaux de trois et même de deux ans, sans songer à tout cela et sans la moindre précaution, ou on les soumet à un travail trop fort pour leur âge.

Si l'on n'a pas de manége à sa disposition pour commencer les poulains, ce qui est le cas le plus ordinaire, il faut choisir un terrain assez grand, de forme rectangulaire, avec un bon sol, aussi uni que possible, et tracer sur les quatre côtés une piste, afin que le cheval n'erre pas à l'aventure. Si le terrain est enclos de toutes parts de murs ou de haies, il n'en sera que plus avantageux.

Votre cheval, avons-nous dit, supporte le poids de l'homme en place. Il s'agit de le porter en avant avec ce fardeau qui l'étonne et l'impatiente. Conservez-lui le caveçon, que vous tiendrez vous-même. L'homme monté prendra les rênes du bridon, une dans chaque main ; il fera un nœud aux rênes de la bride, afin de s'ôter la possibilité d'y avoir recours sous aucun prétexte ; il n'aura pas d'éperons, mais seulement une cravache. Vous porterez le cheval en avant sur l'appel de langue et en tirant à vous la longe du caveçon ; le cavalier se laissera porter sans agir, sans faire aucun mouvement. Ses jambes, tombant naturellement, ne lui serviront que comme moyen de tenue en cas de bonds.

Après quelques pas, vous arrêterez le cheval, vous le flatterez et vous le porterez en avant de nouveau.

Puis viendront les *tourners* à droite et à gauche dont vous userez sobrement, en veillant surtout à ce que le cheval décrive son tournant en avançant ; dès le début, méfiez-vous de l'acculement : c'est le père de la défense, dirait un Bédouin. Après ces exercices, et quand ils se feront avec docilité, le cheval devra se porter en avant sur l'indication de l'homme qui le monte. Pour cela, celui-ci appuiera sa cravache sur les côtes, derrière le passage des sangles, et il fera un appel de langue. Si l'animal se porte en avant, on le laissera marcher quelques pas, on l'arrêtera, et le mouvement sera répété de nouveau. S'il y a résistance, le caveçon attirera le poulain en avant, et la cravache, au lieu d'appuyer, donnera de petits coups jusqu'à ce qu'il y réponde.

Quand vous voudrez tourner à droite ou à

gauche, l'aide ouvrira une rêne du bridon pour amener la tête du cheval dans la direction voulue; vous l'aiderez avec le caveçon.

Le cheval sera mis au petit trot, sur la piste, par les mêmes moyens, et le cavalier laissera, pendant cette allure, un certain ballottement à ses jambes, pour habituer plus vite le poulain à leur pression. Quelques temps de trot suffiront. N'ôtez le caveçon que quand ce travail se fera bien, et, avant de le retirer, obligez le cheval à se porter franchement en avant sur la pression des jambes. C'est indispensable, au moment surtout où il va retrouver une sorte de liberté. Pour obtenir ce résultat, le cavalier fermera les jambes sans roideur, et cette action sera immédiatement suivie d'un léger coup de cravache et d'un appel de langue employés simultanément. Très-probablement ce moyen ne produira d'abord aucun effet ; mais bientôt l'animal comprendra qu'à chaque pression de jambes succède un coup de cravache qu'il peut prévenir en se portant en avant. Vous vous aiderez énergiquement de la traction de longe, et vous n'enlèverez le caveçon qu'après vous être convaincu de son inutilité. Les leçons indiquées plus haut seront répétées sans caveçon, et les temps de trot seront chaque jour plus prolongés. Il est rare qu'un poulain, la première fois qu'il se sent délivré du caveçon, se soumette aussi facilement aux jambes et à la cravache. Parfois il s'arrête, s'accule et cherche à se soustraire, par des bonds sur place ou de brusques mouvements de tête, à l'effet du bridon. Pour éviter entre le cavalier et lui un combat stérile, vous vous approcherez du cheval par derrière, et la vue de la chambrière levée suffira ordinairement pour lui rendre l'impulsion. Si elle demeure sans effet, appliquez-en un vigoureux coup sur les fesses. Quelques corrections de ce genre auront bientôt inspiré au poulain la crainte du châtiment.

Ces résultats, exposés ici en quelques lignes, seront plus longs à obtenir qu'on ne le pense généralement. Aussi ne me lasserai-je pas de recommander de ne pas mettre de précipitation avec les jeunes chevaux ; on s'arrêtera fréquemment au milieu des leçons, pour laisser le cheval en place aussi libre que possible. Pas de contention inutile et sans but rationnel. A la fin du travail, votre élève s'est-il montré très-docile, laissez-le se promener quelques instants sur le terrain, au pas et pour ainsi dire à son gré.

Ici doit cesser le rôle à peu près passif de

l'homme monté, toujours aidé par le caveçon, la chambrière et l'assistance d'un homme à pied. Nous arrivons aux moyens d'action réellement directs ; et ce n'est plus à un domestique, même à un domestique intelligent, mais à un cavalier qu'il appartient d'occuper la selle. Vous monterez d'abord sans éperons : car autrement vous pourriez, en embrassant dans vos jambes le corps du cheval pour assurer votre tenue pendant certains sauts désordonnés, lui faire sentir involontairement le fer et compliquer ainsi les défenses.

Le cheval se porte en avant par les jambes, au pas et au trot ; il tourne au pas par l'action du bridon. Nous avons négligé à dessein de parler du soutien de la tête et de l'encolure. Vous répéterez les exercices indiqués plus haut en vous servant de l'impulsion communiquée par vos jambes pour donner progressivement à la tête et à l'encolure la position la plus favorable à la régularité de l'allure. Si le cheval affaisse ces parties, vous les redresserez en poussant d'abord en avant par les jambes, et en élevant les poignets. Si l'encolure est basse et droite, la tension des rênes sera égale ; si l'encolure est basse et de travers, la rêne opposée au côté où elle se jette sera plus soutenue. Le cheval lève-t-il, au contraire, la tête d'une manière exagérée, résistez en baissant les poignets. Si on ne parvient pas à vaincre ce défaut grave, on fera bien d'user d'un moyen tout mécanique, la martingale à anneaux, qui me paraît devoir être préférée à toutes les autres.

Les jambes doivent **toujours** pousser en avant, aidées au besoin par la cravache employée derrière la botte, et chaque résistance de la main qui tend à rectifier la position de la tête du cheval devra être suivie d'une cession adroite au premier signe d'obéissance.

Ce n'est pas de la légèreté qu'il faut dès le principe demander aux jeunes chevaux, mais une simple régularité dans la position de la tête et de l'encolure, qui constituent le gouvernail de la machine animale. Si même vous remarquez chez un poulain un certain appui sur la main avec de l'impulsion en avant, tenez cette disposition pour bonne et d'un augure favorable.

Pour le tourner à droite, par exemple, engagez d'abord l'encolure du côté droit par la rêne droite, en poussant en avant par les jambes agissant également; appuyez en même temps la rêne gauche sur l'encolure, sans tirer à vous cette rêne, et la

main gauche élevée. Employée ainsi, la rêne opposée du bridon facilite le mouvement.

Pour ranger les hanches sur l'effet plus ou
moins marqué de telle ou telle jambe, vous commencerez le travail suivant, qui conduit à ce qu'on
appelle, en style d'école, la pirouette renversée ;
mais nous sommes loin encore de cette figure
régulière, dont il sera question en temps et lieu,
et nous nous bornerons à demander actuellement
au poulain une série de *tourners* sur les épaules,
dans un espace vaguement déterminé.

Le cheval étant arrêté, vous voulez ranger ses
hanches à gauche : amenez sa tête à droite avec
la rêne droite, votre jambe droite se fermant par
petits à-coups. A la première fuite des hanches à
gauche, relâchez la jambe, arrêtez, caressez, pour
recommencer un moment après, et arriver successivement et avec patience au tour complet.
Quand bien même le cheval se présenterait très-
facilement à ce travail, ne demandez pas plus
d'un tour chaque fois, et à mesure que l'animal
exécute bien le mouvement, diminuez l'effet de
la main, pour que le tourner s'opère surtout sur
l'effet de la jambe. Moyens inverses pour ranger
les hanches à droite.

Usez de cet exercice avec sobriété. A son début,

il développerait, si vous étiez trop exigeant, une tendance à l'acculement, et pourrait faire perdre au cheval cette franchise d'action qu'on doit toujours rechercher.

Au trot, on placera la tête comme au pas, par les mêmes principes, en ayant soin de former souvent des cercles très-larges, sans se soucier toutefois d'une grande régularité dans la progression circulaire.

Je considère comme indispensable pour l'exercice harmonique des muscles de l'animal, le trot étendu sans exagération et bien délié. Que cette allure, proportionnée à la force du poulain, occupe les deux bons tiers de la leçon. Il faut ne pas confondre avec une fatigue réelle cette hésitation que l'on remarquera dans les membres à une allure jusqu'alors inconnue, et se bien persuader qu'il y a dans le travail au trot je ne sais quoi de fortifiant pour toute l'économie animale, et en même temps de calmant pour le moral du poulain. Après un vigoureux temps de trot, il sera généralement plus attentif et mieux disposé à répéter les mouvements précédemment faits au pas. Votre élève prend de la force de jour en jour, et vous n'avez plus, comme au début, le travail à la longe, destiné à *baisser* les poulains trop énergiques. L'exercice du trot le remplacera, et les résultats seront bien autrement profitables à l'éducation.

La Guérinière dit avec raison que le trot est nécessaire pour assouplir les jeunes chevaux :

« C'est, ajoute-t-il, le sentiment général de tous les savants écuyers tant anciens que modernes ; et si, parmi ces derniers, quelques-uns ont voulu, sans aucun fondement, rejeter le trot, en cherchant dans un petit pas raccourci cette première souplesse et cette liberté, ils se sont trompés, car on ne peut les donner à un cheval qu'en mettant dans un grand mouvement tous les ressorts de sa machine ; par ce raffinement, on endort la nature, et l'obéissance devient molle, languissante et tardive, qualités bien éloignées du vrai brillant qui fait l'ornement d'un cheval bien dressé.

« C'est par le trot, qui est l'allure la plus naturelle, qu'on rend un cheval léger à la main, sans lui gâter la bouche, et qu'on lui dégourdit les membres sans les offenser ; parce que dans cette action, qui est la plus relevée de toutes les allures naturelles, le corps du cheval est également soutenu sur deux jambes : l'une devant et l'autre derrière ; ce qui donne aux deux autres, qui sont en l'air, la facilité de se relever, de se soutenir, de s'étendre en avant, et par conséquent un premier degré de souplesse dans toutes les parties du corps. Le trot est donc, sans contredit, la base de toutes les leçons pour parvenir à rendre un cheval adroit et obéissant. »

CHAPITRE IV

EMPLOI DES AIDES. — LA BRIDE SUBSTITUÉE
AU BRIDON.

E jeune cheval a été habitué immédia-
tement à la présence du mors de bride
et de la gourmette, mais il en ignore
les effets, puisque vous n'avez employé que le
filet ou bridon, et que vos rênes de bride ont été
constamment nouées sur l'encolure. Il est temps
de substituer peu à peu l'emploi du mors de
bride à celui du filet.

Le mors est un levier du deuxième genre ou
inter-résistant. Le levier du deuxième genre est
celui dans lequel la résistance est située entre le
point d'appui du levier et celui où s'exerce la

puissance. La résistance à vaincre est aux barres, le point d'appui du levier est à la gourmette et se fait sentir sur la barbe ; la puissance est à l'anneau auquel s'adaptent les rênes de la bride. Pour bien comprendre le mécanisme du mors, il suffit de savoir que dans le levier inter-résistant, plus le point d'appui est éloigné de la puissance, plus le levier est fort, son bras étant plus long ; plus le point d'appui est rapproché de la résistance, plus aussi le levier est puissant. Un mors est donc d'autant plus dur que la partie des branches comprise entre les canons et l'anneau des rênes est longue, et que l'espace entre les canons et l'anneau du montant de la bride est petit. La réciproque est également vraie, et le mors à branches courtes, dont les canons sont éloignés de l'anneau du montant de la bride, est doux. C'est donc surtout au point d'appui, c'est-à-dire sur la barbe, que vient se concentrer l'action du levier.

Sans doute, le plus ou moins d'épaisseur des canons du mors est à considérer ; mais tenez pour certain qu'un mors à canons minces, et même cannelés, mais à branches courtes, avec une gourmette lâche, sera beaucoup moins dur que le mors dit *billot*, à gros canons unis, mais à branches longues, avec la gourmette serrée. Il résulte de tout ceci qu'il faut veiller soigneusement, avant de se mettre en selle, à la tension de la gourmette et à la position du mors dans la bouche du cheval. Vous dresserez tous les chevaux avec une embouchure douce, à branches moyennes, canons forts et liberté de langue ordinaire. Depuis longtemps on a renoncé à mettre dans la bouche de ces malheureux animaux des instruments bizarres ou cruels.

La Guérinière disait déjà :

« Le sentiment des plus habiles écuyers, confirmé par l'expérience, nous prouve que les mors les plus simples et les plus doux, en conservant la bouche d'un cheval, suffisent pour en tirer toute l'obéissance qu'une main savante doit en attendre. »

Vous essayerez la substitution de l'emploi du mors à celui du filet en répétant tout le travail déjà exécuté à l'aide de ce dernier. D'abord sur des lignes droites, vous aiderez les oppositions du bridon en leur adjoignant *sans à-coup* et au même degré celles de la bride, et aussitôt après obéissance vous ferez une cession simultanée des deux effets. Mettez une grande douceur dans l'action de votre main ; la sensation produite sur la barbe de l'animal est d'autant plus vive qu'elle est toute nouvelle ; il en sera tellement surpris que vous serez obligé de revenir souvent au bridon.

Pour les tourners, à droite par exemple, vous prendrez dans la main droite la rêne du bridon et celle de la bride, séparées par deux doigts, la rêne du bridon plus courte, de sorte qu'elle agisse d'abord et davantage. Rendez beaucoup des deux rênes opposées, tenues de la même manière dans la main gauche. Il sera temps de chercher à régulariser la position de la main de la bride quand le cheval tournera facilement. N'oubliez pas d'alterner et d'exercer votre cheval de la même manière au trot. Mettez de l'ordre dans vos leçons ; sans doute il ne faut pas exiger d'un jeune cheval de la précision, mais gardez-vous d'imiter ces cavaliers qui promènent leurs chevaux sur le terrain, sans direction, demandant, sans savoir pourquoi, du pas, du trot, des tourners, s'arrêtant et repartant comme s'ils obéissaient aux caprices de leur imagination et embrouillant tout, faute de but arrêté et de réflexions préalables : Le cheval n'arrivera à vous comprendre que lentement et progressivement ; s'il y a dans votre enseignement désordre ou manque de suite, vous n'obtiendrez que deux résultats : l'hébétement de l'animal ou la lutte perpétuelle, suivant la nature du sujet; quelquefois vous aurez le tout à la fois. Tracez-vous donc mentalement, avant de monter à cheval, le travail que vous devrez demander; raisonnez-le d'avance et examinez s'il y a lieu à répéter ou à progresser. Pour cela, rappelez-vous la leçon de la veille, afin d'y trouver un point de départ logique pour celle que vous commencez. Une fois votre plan tracé, tenez-vous-y strictement, et sachez distinguer la routine de la méthode. La première ne dresse pas les chevaux, elle endort pour ainsi dire leur naturel pour un laps de temps quelconque et dans un lieu donné; hors des limites du cadre plus ou moins étroit dans lequel on l'a circonscrit, le réveil du caractère a souvent lieu, et on est tout surpris de rencontrer un refus opiniâtre chez le cheval que l'on croyait soumis. Le travail méthodique, au contraire, agit graduellement sur toutes les résistances; il n'en omet aucune, parce qu'il a pris soin, chaque jour, de prévoir, d'apprécier et de classer tous les points qui laissent à désirer, et lui seul peut obtenir l'obéissance absolue qui caractérise un bon dressage. Il est des cas parliculiers où vous pourrez renoncer à l'exécution d'une partie de votre programme. Après une défense prolongée, par exemple, ou une difficulté vaincue, au moment où le cheval vient de vous céder, il est quelquefois bon de descendre immédiatement, de le flatter et de le renvoyer à l'écurie; c'est la meilleure des récompenses que vous puissiez lui donner.

Résumons ces premiers éléments. Le cheval connaît et distingue les effets des jambes, du bridon et de la bride; il range ses hanches, il part, il s'arrête, il tourne à droite et à gauche, au pas et au trot. Depuis longtemps il est sage au montoir, et le poids du cavalier lui est familier.

Jusqu'à présent vous avez tenu compte de l'ignorance, de l'étonnement, de la faiblesse de votre élève; vous avez pratiqué avec constance la patience et la douceur, objets de mes instantes recommandations. Vous vous êtes contenté des premiers résultats d'obéissance, sans vous soucier outre mesure de l'incertitude du cheval et de sa lenteur à se soumettre. Avant d'aller plus loin et de compliquer le travail, je dois vous prémunir contre les écueils de la route. Ils sont en grand nombre, et ce n'est pas sans des luttes souvent périlleuses qu'on obtient la complète docilité, la légèreté et la justesse, sans lesquelles l'éducation reste inachevée. De plus, j'ai supposé jusqu'ici que vous aviez affaire à un poulain élevé avec soin, sous une direction intelligente, et n'ayant pas encore été *manqué* par un cavalier maladroit ou un piqueur fanfaron. C'est surtout pour cette catégorie assez nombreuse de chevaux que vous trouverez la fréquente application des conseils qui auront trait aux principales défenses. D'ailleurs, il est des résistances que vous rencontrerez même en agissant avec le tact et la prudence nécessaires. Il faut que vous sachiez les paralyser dès le début, ou les combattre si vous n'en avez pas entravé le développement. Mais il y a, croyez-le bien, plus de vrai mérite équestre à prévenir les défenses et à les empêcher de se produire, qu'à supporter hardiment les conséquences d'une lutte à outrance. Vous trouverez dans le chapitre suivant un certain nombre d'indications dédaigneusement nommées *ficelles;* ce mot vous étonnera sans doute autant qu'il me surprend moi-même. En effet, on qualifie ainsi certains moyens d'action qui sont en dehors des règles de l'enseignement *académique*, parce qu'on suppose à ces dernières une application constante, immuable et suffisante, avec tous les chevaux et en toute circonstance. On laisserait volontiers croire que l'équitation est une route jalonnée dont les relais sont désignés d'avance, route à l'abri des dégâts inattendus, et tellement bien entretenue qu'il n'y a pas d'ornières où l'on puisse s'embourber ; malheureusement il n'en est rien, et trop souvent un accident imprévu vous oblige à vous jeter dans un chemin de traverse, quitte à rejoindre la belle route le plus tôt possible. Faute de ce vilain chemin de traverse, vous seriez arrêté et il faudrait renoncer au voyage.

Il est donc de mon devoir de ne pas vous laisser dans l'embarras, vous, voyageur équestre qui voulez marcher franchement vers le but, et les conseils que je vous donnerai auront pour objet de vous mettre à même de parer promptement les coups imprévus du sort. Leur application sera, par conséquent, un à-propos intelligent plutôt que la conséquence de principes systématiques. Les *ficelles* sont *indispensables* et très-pratiquées, soyez-en convaincu ; il me semble donc d'assez mauvais goût de renier le nom, puisque la chose est bonne.

Remarquons, avant de parler des principales

défenses des chevaux, que la plupart des cavaliers ne se rendent pas suffisamment compte de la nature et des fonctions des instruments dont ils se servent. Le mors de bride, par exemple, dont je vous ai déjà entretenu, a un effet, pour ainsi dire conventionnel, bien différent de celui qu'il produit naturellement. Ainsi il est composé d'une seule pièce et n'a d'action naturelle que d'avant en arrière; car si, en agissant latéralement, il fait une impression plus forte sur une des deux barres, il empêche, par la pression de la gourmette sur la barbe, l'impulsion du cheval en avant. Pourquoi néanmoins les chevaux dressés tournent-ils facilement par l'action latérale directe du mors? Parce que l'éducation a établi entre eux et le cavalier une sorte de convention tacite, sans cesse fortifiée par l'habitude; mais quand il y a désaccord, les conventions cessent et la guerre commence. La meilleure preuve de ceci, c'est que tout poulain au débourrage obéit très-vite à toutes les actions latérales du bridon, alors qu'il demeurera pour longtemps rebelle aux effets latéraux du mors. Beaucoup même ne le comprendront que si l'emploi simultané du bridon les aide; notez bien ce fait, dont vous vérifierez l'exactitude pendant les défenses, où le chevaux, même les vieux, redeviennent poulains. L'action latérale du bridon est, en principe, plus logique et plus *naturelle* que celle de la bride, parce que le cheval peut parfaitement tourner tout en se portant en avant, sans que la main entrave douloureusement son impulsion.

De là la nécessité de se rendre habile à manier les quatre rênes séparées ou réunies, avec rapidité et justesse ; à ne pas contrarier, comme cela arrive si souvent, l'effet qu'on veut produire avec une rêne, par la tension involontaire de la rêne opposée.

Exercez-vous donc fréquemment, surtout avec les chevaux tranquilles, à réunir ou à séparer lestement vos rênes de bridon dans la main droite ou dans la main gauche, sans que celle-ci quitte les rênes de la bride.

CHAPITRE V

PRINCIPALES DÉFENSES DES CHEVAUX.

Les défenses ont pour principales causes la peur ou la gaieté, la faiblesse ou la fatigue, un vice de conformation ou un état maladif, et souvent l'ignorance ou la brutalité de l'homme. Sous l'influence d'une de ces causes, le cheval résiste, et dès qu'il rencontre chez le cavalier une opposition, sa malignité s'en mêle, il calcule ses moyens de lutte, et la véritable défense a lieu. Plus elle est énergique, plus il est urgent de trouver rapidement un moyen de la paralyser ou de la combattre, et surtout d'empêcher les récidives ; car le cheval qui s'exerce impunément à la défense, s'y fortifie et devient ingénieux et adroit à exécuter rapidement les mouvements qu'il a l'occasion de répéter fréquemment, de même qu'il acquiert de la force et de la souplesse par la répétition journalière des leçons du dressage.

Passons maintenant en revue les différents genres de défenses, pour essayer de les vaincre. Celles qui se manifestent à l'écurie, au pansage, à l'occasion de la ferrure, sont étrangères à notre sujet; mais je ne puis passer sous silence les difficultés que l'on peut éprouver avec certains chevaux, lorsqu'il s'agit de leur mettre la bride ou la selle, ces deux instruments indispensables au cavalier. Il est bien entendu que je m'adresse aux cavaliers qui savent seller et brider un cheval: on ne se figure pas combien le nombre en est restreint; c'est triste à dire, mais c'est malheureusement vrai, et je connais plus d'un jeune homme qui serait fort embarrassé de sortir de *Madrid*[1] à cheval, si, sa monture une fois mise à l'écurie, les palefreniers de l'établissement partaient pour ne plus revenir. Souvent les chevaux ferment la bouche et lèvent le nez en l'air quand il s'agit d'introduire le mors. L'opération devient

1. Rendez-vous des cavaliers au bois de Boulogne.

difficile ; placez-vous alors à l'épaule gauche, caressez le cheval, parlez-lui en passant la main
sur le front et sur les yeux. Mettez les rênes sur
l'encolure, prenez la têtière de la bride de manière que le mors arrive près de la bouche, en
passant le bras droit sous la ganache ; placez le
mors du filet sur celui de la bride ; avec le pouce de
la main gauche qui tient le mors, ouvrez la bouche
du cheval en y entrant ce doigt derrière les crochets ; faites rapidement glisser l'embouchure,
en élevant simultanément la main droite, qui
place la têtière à droite, tandis que votre main
gauche revient l'aider et dégager l'oreille droite
du cheval, en achevant de son côté le placement
de la têtière. Celle-ci une fois fixée, flattez le cheval avant de serrer la gourmette.

Pour corriger les chevaux qui ruent à l'approche de la selle, bridez-les d'abord ; tournez-leur
la croupe à la mangeoire. Placez-vous à leur tête,
tenant les rênes d'une main et de l'autre une cravache que vous leur montrez ; un homme portant
la selle, la leur présentera vers l'épaule, et dès
qu'ils coucheront les oreilles ou qu'ils feront le
dos de carpe, vous leur appliquerez un petit coup
de cravache sur le nez, en les menaçant de la voix.
Répétez cela jusqu'à parfaite tranquillité ; alors

et la selle une fois placée, caressez-les et faites-les sangler sans à-coup.

Venons aux résistances du cheval monté, qui doivent nous occuper exclusivement.

L'ÉCART.

Ce nom désigne le mouvement opéré par le cheval qui, malgré son cavalier, quitte la ligne droite pour se dérober soit à droite soit à gauche. Exemple : la peur, je suppose, provoque un écart à droite ; pour ramener le cheval à gauche, tournez le bout du nez de ce côté, en ouvrant la rêne gauche du bridon, la seule qui doive agir. Essayez de reprendre précisément le terrain que l'animal a parcouru malgré vous ; les jambes agissant par petits à-coups, la droite plus que la gauche, et la main rendant dès que la position de l'encolure à gauche est obtenue. Si le cheval ne répond pas aux jambes, surtout à la droite, aidez-vous de la cravache par petits attouchements répétés à droite, derrière la botte. N'oubliez pas l'appel de langue, c'est un puissant auxiliaire. «Mais, me direz-vous, si le cheval ne cède pas à l'opposition fixe de la rêne gauche, me voilà fort embarrassé; je tire toujours à gauche, j'oppose la force à la force, et le cheval, paraissant prendre une sorte de point d'appui sur ma main roidie, m'entraîne de plus en plus à droite. Que faire? »

Au lieu de tirer à gauche d'une manière constante, servez-vous de la rêne du bridon dans cette direction par une série de petites secousses de droite à gauche; rendez, reprenez un peu plus, rendez un peu moins, reprenez davantage, et ainsi de suite. Sitôt que le cheval cède tant soit peu, l'appel de langue, et, s'il en est besoin, les jambes et la cravache doivent le porter en avant. Recommencez de la sorte jusqu'à ce que le terrain perdu soit regagné.

Vous voilà de nouveau devant l'objet terrifiant. Peut-être le cheval ne passera-t-il pas encore, et essayera-t-il à gauche ce qu'il a fait à droite. Usez des mêmes moyens avec la rêne droite du bridon; allez ainsi de gauche à droite, et réciproquement, en balançant, pour ainsi dire, le cheval jusqu'à ce que vous sentiez ce temps d'impulsion en avant qui, secondé rapidement par toutes les aides réunies, hormis l'éperon, vous fait passer à côté de l'obstacle. Ce travail peut durer un peu longtemps, mais votre persistance et votre calme amèneront un résultat presque certain. Au bout de quelques fois, les petites secousses de bridon, ayant amené le cheval à obéir sans l'emploi de la force brutale, lui donneront une sorte de confiance, et le détermineront en quelques secondes.

Abstenez-vous de corriger et surtout ne cherchez pas à conduire le cheval sur l'objet qui l'épouvante, pour le lui faire flairer, toucher, etc. L'essentiel est qu'il passe à côté, dût-il passer en fuyant. Il n'est pas encore question d'un obstacle à franchir, d'une haie ou d'un fossé à sauter. Quand il aura passé sans avoir été battu, il comprendra qu'il n'y avait pas de danger pour lui, et, en pareille circonstance, vous le trouverez plus confiant. Au contraire, votre cravache, employée comme châtiment et non comme aide, prolongerait la lutte, et dorénavant l'animal aurait deux fois peur, d'abord de l'objet qui lui paraît étrange, ensuite des coups que cet objet lui rappelle. Quant à l'inutilité de faire flairer au cheval tous les objets devant lesquels il ne voudra pas passer, elle est évidente : c'est un moyen de perdre beaucoup de temps pour ne perfectionner que l'odorat de votre monture.

Si la peur est le *prétexte* de l'écart, et que vous croyiez devoir attribuer ce mouvement à une des causes désignées plus haut, le mauvais vouloir, par exemple, accompagnez les effets de bridon que j'ai indiqués, des jambes, de la cravache et de l'éperon successivement employés, et avec une énergie de plus en plus grande. En un mot, arrivez à la correction, mais ne châtiez jamais avant que le bridon ait amené la tête et les épaules dans la direction à suivre.

Beaucoup de cavaliers ont la détestable habitude de laisser les défenses de malice s'exécuter sans agir avec vigueur; et dès que le cheval s'est décidé à dépasser l'objet devant lequel il se défendait, ils l'assomment de coups pendant qu'il se porte brusquement en avant, encore tout ému. Ceci n'est plus une leçon, mais une vengeance tardive qui couronne une action pusillanime. C'était pendant la défense qu'il fallait châtier; mais, avouez-le, vous n'osiez pas. Pourtant, que conclura le cheval de votre brutalité intempestive? Qu'il a eu grandement tort de passer, et la prochaine fois il se défendra de plus belle. Sachant que tant qu'il résiste il n'est pas battu, il résistera le plus longtemps possible pour retarder les coups.

D'autres, non pas peureux, mais vaniteux, ont la maladresse de ramener dix fois de suite

leur cheval sur le théâtre du combat ; les spectateurs se bornent à un simple gardeur de dindons,
n'importe ; ils veulent le faire jouir de leur triom-
phe. En oubliant ainsi la pitié pour le cheval vain
cu, ils s'exposent à ce que ce dernier, retrouvant
des forces pour combattre de nouveau, recommence les hostilités avec l'énergie du désespoir
D'ailleurs, cette façon de rebuter les chevaux
n'est pas celle de l'homme qui agit d'après les
conseils de sa raison ; elle est inspirée par un
amour-propre novice ; elle recule l'éducation du
cheval, et peut-être aussi celle du cavalier.

LE TÊTE A QUEUE OU DEMI-TOUR.

Le demi-tour commence toujours et nécessairement par l'écart ; seulement le cheval, se retour-
nant brusquement, présente sa croupe à la direction que vous aviez l'intention de lui faire suivre,
et souvent, gagnant à la main, il cherche à retourner au logis en entamant une allure désor-
donnée. Dans ce cas, il faut, avant toute chose,
maîtriser cette allure, remettre l'animal au pas,
mais ne pas l'arrêter pour le retourner sur place ;

en agissant ainsi, vous changeriez la nature de la défense, ou plutôt vous en provoqueriez une nouvelle, l'acculement immédiat. Le cheval étant au pas, vous répétez le travail de bridon indiqué pour l'écart, avec la rêne gauche si le demi-tour s'est exécuté à droite, et *vice versa*. Ne cherchez pas à replacer trop tôt le cheval dans la bonne voie ; faites un quart d'à-gauche, par exemple , puis un autre, etc. Décomposez le nouveau demi-tour que vous exigez. Peut-être trouverez-vous une résistance opiniâtre, et les hanches se jetteront d'un côté ou s'immobiliseront ; alors accompagnez chaque secousse de bridon d'un léger coup de cravache derrière la botte, du côté sur lequel les hanches se jettent ou se fixent. Quand vous aurez obtenu la bonne direction de la tête et des épaules, poussez en avant en usant des procédés qui vous ont été précédemment indiqués. Il est urgent d'observer avec soin la cause du demi-tour, afin d'agir avec patience ou sévérité, suivant qu'il y a eu peur ou malice. Ce discernement est indispensable, on doit le comprendre, dans toutes les défenses où l'effroi de l'animal peut jouer un rôle ; et, faute de le pratiquer, on s'expose à fausser complétement le caractère des chevaux.

LA POINTE.

Il y a beaucoup de chevaux qui pointent; cela s'explique, sauf quelques exceptions, par la dureté ou la fixité de main d'un très-grand nombre de cavaliers. La pointe ou la cabrade consiste dans un arrêt brusque immédiatement suivi de l'enlever de l'avant-main. Dans cette attitude, le cheval, appuyé sur ses reins et sur ses jarrets, place son corps dans une position plus ou moins voisine de la perpendiculaire. Assez ordinairement, et quand la pointe est devenue une habitude, l'animal projette en avant ses membres antérieurs, et s'en sert, comme le danseur de son balancier, afin de se maintenir plus longtemps dans un équilibre dont il a peut-être déjà pu apprécier les fàcheux résultats pour le cavalier. On dit alors que le cheval joue de l'épinette. Quand la pointe est par trop rapide et enlevée, le cheval se renverse et tombe sur le dos.

Nous avons dit que la pointe était précédée d'un brusque temps d'arrêt, indispensable pour que l'animal pût déplacer son centre de gravité et exécuter l'enlever ; si vous ne réussissez pas à empêcher cet arrêt, en actionnant la croupe avec la cravache, et en rendant la main complétement, vous voilà en pleine défense ; les deux pieds de devant de votre monture quittent le sol. Sans perdre une seconde, séparez vos rênes de bridon dans chaque main. De la main gauche prenez une forte poignée de crins, en dessous s'il est possible, et tout près de la nuque. Ne lâchez pour cela ni les rênes de la bride que votre mouvement aura rendues flottantes, ni la rêne gauche du bridon. Votre main droite, qui tient la rêne droite du bridon et la cravache la pointe en bas, est libre.

Je dois vous avertir que la première fois que vous monterez un cheval pointeur, vous empêcherez rarement la première pointe de s'exécuter ; mais attendez-vous à la seconde, elle n'est pas bien éloignée. Alors, au moment du temps d'arrêt, et les mains placées comme je viens de l'indiquer, baissez la droite le plus possible, et agitez la rêne droite du bridon par petites secousses, comme si vous tiriez un cordon de sonnette. Ces secousses réitérées, avec une vitesse proportionnelle à l'imminence du danger, et sans tirer à vous, étonneront le cheval, l'embrouilleront, pour ainsi dire, et vous profiterez de cet instant d'hésitation pour le pousser en avant par les jambes, ou mieux par la cravache derrière la botte, surtout si vous avez affaire à un poulain. Quelques cavaliers, au lieu d'employer la cravache la pointe en bas et par-dessus la cuisse, perdent leur temps à réunir leurs rênes de bridon dans la main gauche, pour se servir de la cravache la pointe en l'air; pour cela, ils abandonnent un instant la rêne droite du bridon : c'est une faute, et pendant l'exécution de tous ces mouvements, le cheval est debout. A chaque tentative de cabrade, répétez ces exercices, en ayant soin d'exécuter à gauche les secousses de bridon, si le cheval, au lieu de pointer droit, se jette à droite.

Le moyen que j'indique a pour but de prévenir la pointe; si, malgré son emploi, elle a lieu, les crins tenus dans la main gauche, les genoux assurés, les étriers peu chaussés vous permettront de conserver votre assiette. Je n'engagerai pas à attaquer de l'éperon le cheval pendant qu'il est en l'air; cela réussit quelquefois, mais cette attaque est extrêmement dangereuse, parce qu'il est bien difficile de l'exécuter tout à fait à propos.

La pointe se produit assez fréquemment en face d'un objet infranchissable qui ne permet pas de porter le cheval en avant : ainsi devant un mur. Dans ce cas, on emploiera toujours par secousses la rêne droite ou la rêne gauche, suivant le côté où le terrain sera propice, en ouvrant la rêne de façon à plier le plus possible l'encolure ; la jambe et la cravache du même côté aideront à faire pirouetter assez vivement l'animal sur les épaules plusieurs fois de suite, jusqu'à ce que, fatigué de tourner ainsi, il indique une impulsion quelconque en avant. On secondera immédiatement cette impulsion par les jambes, l'appel de langue, et au besoin de légers coups de cravache ; et si la défense se reproduit, on reviendra aux pirouettes de correction, qui seront très-vite comprises par le cheval et seront très-utiles dans toutes les circonstances où l'impulsion immédiate en avant ne peut être donnée.

Avant de passer outre, j'entrerai dans quelques développements au sujet de la tenue du cavalier lorsque la pointe s'exécute malgré ses efforts pour l'arrêter à son début. Il y a pour lui, dans cette défense, un danger si réel, que les moindres recommandations ne doivent pas être négligées.

Je prescris de saisir une poignée de crins pour que l'on ne cède pas à cette tendance instinctive qui porte malheureusement presque tous les hommes à chercher, en pareil cas, la solidité dans un point d'appui sur la main. Je dis *malheureusement*, parce que ce point d'appui peut aider au renversement du cheval, qui entraîne souvent les plus graves conséquences. Peu de chevaux se renversent eux-mêmes, et c'est presque toujours le poids du cavalier, suspendu pour ainsi dire aux rênes, qui détermine leur chute en arrière.

De plus, en assurant votre tenue avec la main qui tient les crins, vous conservez à celle qui doit exécuter les secousses de bridon sa liberté pleine et entière; vous pesez moins sur les étriers, et c'est important : car, grâce aux ressorts actuels de nos selles anglaises, les étrivières se détachent quelquefois et font glisser le cavalier le long des reins de sa monture.

Quelques-uns entourent le cou du cheval avec leur bras gauche; cette pratique est mauvaise. La tête de l'homme, trop rapprochée de celle du cheval, peut être heurtée par cette dernière; en outre, quand l'animal retombe à terre, vous n'êtes plus en selle. Si, au contraire, vous saisis-

sez les crins, comme je l'ai indiqué, une simple
opposition du bras tendu suffira pour vous replacer au moment où les pieds de devant du cheval regagneront le sol.

LE RECULER PAR DÉFENSE.

Certains chevaux, souvent ceux qui ont été
mis dans l'impossibilité de pointer, s'arrêtent
brusquement et se mettent à reculer avec obsti-
nation, malgré les efforts du cavalier pour les
porter en avant. Vous essayerez peut-être, probablement même, d'obtenir l'impulsion en rendant la main, en fermant les jambes, et en vous
aidant de la cravache et des éperons, par attaques
énergiques et espacées ; cela peut réussir, mais
le remède est loin d'être infaillible. Si le cheval
continue à reculer, ouvrez subitement les jambes,
écartez-les même de la selle, rendez tout, portez
le corps très en arrière, en accompagnant ce
mouvement d'un appel de langue ; il est très-
probable que votre cheval se portera en avant.
Si ce second moyen n'a pas de succès, ayez recours aux pirouettes, telles qu'elles vous ont

été expliquées précédemment. Vous pourrez encore, dans quelques circonstances, corriger le mal par le mal, c'est-à-dire faire reculer le cheval forcément pendant quelques pas.

LA RUADE.

Tout le monde connaît la défense qui porte ce nom, elle n'a donc pas besoin d'être définie. La sensibilité du rein, un tempérament hystérique chez certaines juments, nerveux chez quelques chevaux, la malignité ou la gaieté provenant d'un long repos, occasionnent en général les ruades. Lorsqu'il y a une cause physique, le remède au mal ne consiste pas à l'attaquer directement ; car si l'équitation réforme les vices du cheval, et même si elle amoindrit l'effet des défectuosités extérieures de sa conformation, elle ne peut rien contre les affections organiques arrivées à un certain degré. Avec le cheval rueur, l'éperon, au lieu de diminuer l'irritation, produit une surexcitation qui désespère l'animal au point de le rendre intraitable ; il rue de plus en plus, et ordinairement, lorsqu'il est fatigué de ruer, il

se met à reculer, et l'on a à combattre deux défenses au lieu d'une. Avec ces sortes de chevaux,
employez d'abord la douceur, mettez-les en confiance. — Peu de jambes, et surtout peu d'effets
continus de jambes, mais de légers à-coups de
mollets, sans que l'éperon arrive. — Portez en
avant sur l'appel de langue et rendez beaucoup.
Si, malgré votre longanimité, la ruade a lieu, elle
sera paralysée par un soutien énergique du bridon, qui relèvera la tête, tandis qu'une vigou-
reuse application de la cravache sur l'épaule empêchera l'avant-main de se fixer sur le sol, et de
prêter ainsi son concours à l'enlever des membres postérieurs.

Souvent les chevaux qui ruent par malice ont
été chatouillés et picotés antérieurement par les
éperons d'un maladroit. Il faut être sévère avec
ces *carognes,* comme les appelaient les anciens
maîtres dans leur indignation. Si le soutien du
bridon ne les oblige pas à lever le nez, *sciez du
bridon* en élevant progressivement les poignets.
J'entends par scier du bridon l'action de tirer alternativement à soi les deux rênes avec une force
proportionnelle à la pesanteur que le cheval
communique à sa tête. En même temps, attaquez
énergiquement de l'éperon, mais après l'attaque

ne laissez pas la jambe près ; faites suivre chaque attaque d'un coup de cravache bien appliqué, d'une cession de main nettement marquée et de l'appel de langue. Continuez ainsi jusqu'à ce que le cheval se soit porté en avant ; alors vous le caresserez, et vous ne reprendrez l'emploi des jambes pour le diriger que lorsqu'il sera redevenu parfaitement calme. S'il se porte en avant brutalement au galop sur la correction, gardez-vous de l'arrêter trop tôt ; laissez-le comprendre qu'il fait bien et que c'est en effet la progression que vous avez voulu obtenir. Les ruades de gaieté seront corrigées d'après les mêmes principes, mais par des effets plus doux. Elles ont moins d'importance, et le cheval les redouble rarement.

LA RUADE A LA BOTTE.

Certains chevaux ruent d'un seul membre en cherchant à atteindre le talon du cavalier. Pour ceux-là, on fera suivre l'attaque des éperons d'un coup de cravache du côté où ils ont rué, en amenant avec le bridon leur tête de ce même côté ;

puis on leur fera faire dans cette direction quelques pirouettes. Ce moyen réussit souvent.

CHEVAUX QUI CHERCHENT A MORDRE LE PIED OU LA JAMBE DU CAVALIER.

Les rueurs à la botte et ceux qu'on nomme ramingues sont sujets à cette défense, assez rare et toute de malignité, comme on le voit. La rêne opposée au côté vers lequel le cheval se tourne arrêtera le mouvement de sa tête; un coup de cravache sur le nez, accompagné d'un effet de jambes énergique, l'obligera à se porter en avant. Les premières fois, la cravache sera employée vigoureusement; plus tard, il suffira de la montrer à l'animal, en la voyant il renoncera à son mauvais dessein.

LES BONDS.

Presque tous les chevaux qui bondissent habituellement ont le rein haut au départ. Les jeunes chevaux qui présenteront cette disposition, parce qu'ils ne seront pas encore accoutumés au poids de l'homme, devront être *baissés* par le travail à la longe. Les chevaux faits seront promenés quelques instants en main, s'il est possible. Cela aura l'avantage de leur faire oublier pour ainsi dire une défense d'autant plus désagréable qu'elle se produit au départ, c'est-à-dire avant que le cavalier ait eu le temps de s'affermir en selle. Quelques-uns bondissent par gaieté ou parce qu'ils ne travaillent pas assez; ici le remède est facile, vous le trouverez dans des temps de trot assez prolongés. — Sanglez médiocrement les chevaux qui bondissent.

Vous arrêterez les bonds en relevant la tête à l'aide du bridon employé par petits à-coups et en exigeant immédiatement quelques pirouettes. Il y a des bonds qui sont des espèces de cabrades dans lesquelles le cheval s'élance en avant par une brusque détente des jarrets. Assez fréquemment c'est la tension continue des rênes du bridon, sur lesquelles le cavalier s'appuie pour assurer sa tenue ou involontairement, qui fait dégénérer les bonds sur place en lançades. Dans ces dernières, la tenue est plus facile à conserver; vous en profiterez pour pousser le cheval en avant avec les jambes. Si le cheval s'encapuchonne pour bondir, employez pour le bond lui-même les moyens précédents, et, pour détruire l'encapuchonnement, servez-vous énergiquement d'un bridon releveur.

Tout le monde peut se faire un bridon releveur. Il suffit d'ôter à la bride les montants du filet, et d'avoir des rênes de bridon terminées par deux boucles (sans porte-mors); on les passe dans les anneaux du filet, et on les boucle aux passants d'une têtière qu'on adapte à la bride après l'enlèvement des montants. Le filet aura de la sorte, en hauteur, une puissance extraordinaire, et en même temps un grand jeu lorsque l'on voudra rendre. En un mot, vous trouverez de bas en haut un effet aussi efficace que celui des anneaux de la martingale de haut en bas.

On arrive au même résultat par un moyen encore plus simple, qui consiste à boucler ensemble, en les croisant l'un par-dessus l'autre, les deux porte-mors (celui de la rêne avec la boucle du montant, et celui du montant avec la boucle de la rêne); on laisse ainsi les anneaux du filet, devenus mobiles, couler librement le long des montants, qui ne forment plus avec la rêne qu'une seule pièce.

CHEVAUX QUI S'EMPORTENT

Le cheval, qui, par suite d'une peur excessive, d'une grande irritabilité nerveuse, du mauvais vouloir, et quelquefois de la dureté de la main de l'homme, prend sur cette main un point d'appui tenace et entame brusquement un galop que rien n'arrête, est dit *emporté*. Cette défense a aussi pour cause une maladie cérébrale nommée *vertigo;* dans ce cas, le mal est sans remède. Nous n'en parlerons donc pas davantage, et nous indiquerons simplement les moyens à prendre avec les chevaux qui agissent *sciemment*.

Pour s'emporter, l'animal prend son point d'appui de deux manières : en levant le nez ou en s'encapuchonnant. Le dernier cas est le plus fréquent. Dans le premier, la martingale à anneaux vous permettra de replacer la tête plus rapidement que tout autre moyen, surtout avec les chevaux non dressés.

Je vous engagerai donc, quand vous monterez un cheval qui,. par la manière dont il placera sa tête et l'expression de son regard, vous fera prévoir la défense dont il s'agit, à vous munir de votre martingale et à la lui conserver jusqu'à ce qu'il soit déjà avancé dans son dressage. Quant à vos jambes, vous en diminuerez l'effet si vous remarquez qu'il augmente le désordre, ou vous vous en servirez au contraire pour seconder la martingale dans l'abaissement de la tête. Pour ceux qui s'emportent encapuchonnés, vous leur relèverez le nez en sciant du bridon, les poignets très-élevés. Si vous êtes prévenu, servez-vous du bridon releveur; c'est surtout ici qu'il fait merveille.

Du reste, quel que soit le point d'appui du cheval qui s'emporte, les premiers temps de son galop désordonné avertissent suffisamment le cavalier qui a du tact, pour qu'il comprenne le danger qui le menace; alors l'animal n'est pas encore arrivé à ce degré de vitesse acquise qui rend l'arrêt si difficile. Il faut donc se hâter de le ralentir et de le remettre au pas, où on le laissera assez longtemps pour le calmer.

Le dressage consciencieux et raisonné sera votre meilleure sauvegarde contre toutes les défenses, mais particulièrement contre celle dont nous nous occupons. Avec les chevaux qui s'emportent, vous vous attacherez tout spécialement à la position de l'encolure et à la légèreté de la tête. Vous ne passerez aux allures vives qu'après des arrêts et un reculer obtenus facilement. J'insiste beaucoup sur la nécessité de combattre par le dressage cette défense dangereuse, parce que les moyens indiqués plus haut sont loin de réussir toujours, surtout avec les chevaux tout à fait emportés, c'est-à-dire auxquels on a laissé déjà gagner du terrain. Dans ce cas, ils sont comme fous, ils paraissent ne rien comprendre et ne rien sentir ; l'à-propos, l'énergie et le sang-froid peuvent seuls inspirer au cavalier ces effets de main vigoureux et distancés qui réussissent à entraver l'élan furieux de sa monture.

LA FIXITÉ SUR LE SOL.

Il y a des chevaux qui, pendant la durée d'une défense, et surtout après une lutte violente suivie d'une correction, s'arrêtent court, campés du devant, l'œil fixe, tout le corps contracté. — Ils semblent résolus à ne point sortir de cet état de fixité. Cette défense est quelquefois un symptôme d'*immobilité*, maladie grave, souvent difficile à diagnostiquer, et que la loi a rangée parmi les vices rédhibitoires.

Toutes les fois qu'un cheval s'arrête subitement au milieu du travail, et se défend sans discernement quand on veut le remettre en marche, il faut le traiter comme si on le croyait *immobile :* le porter en avant par des moyens doux. Si l'on ne réussit pas, après lui avoir laissé un instant de calme pour qu'il puisse se remettre de sa folie passagère, on emploiera les pirouettes exécutées lentement; en ayant soin de saisir et de seconder le temps d'impulsion en avant dès qu'il se présentera.

Cette défense est de mauvais augure pour le service ultérieur du cheval : elle n'est pas le fait des animaux sains ou de nature énergique.

CHEVAUX QUI SERRENT LES GENOUX DU CAVALIER AU MUR.

Ceux-**ci** sont en général intelligents, et l'habitude de se défendre les a rendus très-ingénieux.

Vous leur amènerez rapidement la tête du côté sur lequel ils presseront votre jambe, afin d'éloigner leurs hanches de la muraille; mais quelques-uns sont si adroits et si prompts que l'on est très-embarrassé. Avec eux, il ne faut pas attendre la défense pour tourner leur tête vers le mur, mais les prévenir. Dès qu'on les sent s'acculer et se préparer à forcer la jambe, on commence une pirouette de la manière suivante : la tête du cheval étant tournée du côté du mur, entamez la pirouette avec la jambe qui allait être serrée, continuez-la jusqu'au moment où la croupe se trouvera perpendiculaire au mur, et portez tout de suite l'animal en avant avec vigueur.

PIROUETTES MALGRÉ LE CAVALIER.

J'ai indiqué les pirouettes comme palliatif contre la plupart des défenses ; il peut arriver que certains chevaux les adoptent aussi pour mieux vous résister, soit en les entamant d'eux-mêmes, soit en cherchant à les prolonger malgré vous.

Il faudra alors obliger le cheval qui entreprendra des pirouettes de droite à gauche, par exemple, à faire immédiatement sur le côté opposé

des pirouettes très-ralenties, mais un peu prolongées.

Je l'ai déjà dit, les conseils précédents que vous
devez mettre en pratique dans les défenses sont
destinés plutôt à vous tirer d'embarras pendant
les moments difficiles qu'à entrer d'une manière
directe dans l'éducation du cheval. Ces moyens
d'action sont, pour ainsi dire, des *parades d'à-
propos* contre le danger, ils vous protégeront
contre l'imprévu, ils combattront le *fait* même
de la défense, mais ils resteront sans effet contre
son principe. Ils n'atteindront pas les causes de
la révolte, qui sont ordinairement l'ignorance,
la faiblesse, ou un caractère aigri par la maladresse de l'homme et sa brutalité. C'est le dressage rationnel et progressif qui détruira le mal
dans sa racine, en instruisant l'animal, en fortifiant ses muscles, en lui rendant le calme et la
confiance perdus.

Aussi y reviendrons-nous après avoir parlé des
promenades des jeunes chevaux; les indications
que l'on vient de lire mettront le cavalier à même
de les monter dehors sans appréhension, et cet
exercice, en développant leurs allures, leur sera
aussi salutaire qu'il sera profitable à la tenue et
au tact équestre.

N'oublions pas ici un certain ordre de défense dont la cause, indépendante du cheval, est trop souvent inconnue au cavalier. Ainsi le harnachement, en occasionnant de la gêne ou de la douleur, excite l'animal à la résistance. C'est tantôt une selle mal faite ou mal placée, un mors trop haut ou trop bas, une gourmette trop serrée ou tellement lâche qu'elle repose sur la lèvre inférieure. Ces détails échappent à ceux qui s'élancent sur un cheval sans jeter le moindre coup d'œil sur la manière dont il est équipé ; cette façon d'agir dénote ordinairement une profonde ignorance qu'on n'ose avouer ; on préfère la dissimuler sous un petit air indifférent que beaucoup de gens croient de bon ton. Rappelons-nous donc ce que dit Ducroc de Chabannes :

« Le mors aurait au plus haut degré tous les attributs qui constituent un instrument extrêmement dur, si, dans la situation inactive de la main ou des rênes, la gourmette se trouvait déjà assez tendue pour empêcher toute l'embouchure d'avoir du jeu.

« A l'égard de la manière dont il doit être placé, il y aurait inconvénient à ce qu'il fût assez bas pour battre sur les crochets, ou assez élevé pour faire froncer la partie angulaire des lèvres, position qui mettrait ces parties dans un état de gêne permanent et provoquerait, surtout dans un cheval fin, ces sortes de mouvements déréglés et désordonnés dont le cavalier éprouve souvent les effets sans pouvoir s'en expliquer la cause, et qui dégénèrent parfois en habitudes vicieuses (telles que battre à la main, porter au vent, faire les forces, etc.). On sent, du reste, qu'une des conditions premières est que, par ses dimensions, il s'adapte parfaitement à la bouche du cheval. »

Le filet doit être à cheval sur les canons du mors, assez bas pour ne pas plisser la commissure des lèvres, et quand il est ainsi placé, les montants doivent être tendus sans roideur. Celui qui a une petite branche dans l'œil de laquelle on boucle le montant est préférable aux autres, parce que quand on agit avec une seule rêne, il ne peut pas, comme les bridons ordinaires, sortir de la bouche du cheval. Attachez une grande importance au choix et à la position de votre filet ; c'est le meilleur et le plus *logique* des instruments qui servent à diriger les chevaux. Cette réflexion est déjà vieille :

« Le simple bridon ou filet, employé par une main exercée, peut, à quelques modifications près, avoir sur les actions du cheval la même influence et obtenir les mêmes résultats que le mors de bride le plus ingénieusement combiné, sans en avoir les inconvénients ; et, sous ce rapport, il serait à souhaiter que, dans le cours d'une instruction méthodique, on le fît plus souvent entrer en concurrence avec la bride[1]. »

C'est aussi l'avis des Anglais, qui ont tellement reconnu les avantages du bridon, que son usage est, chez eux, général.

Quant à la selle :

« Bien qu'elle n'exerce par elle-même aucune action sur le cheval, elle peut cependant, dans certains cas, influer d'une manière défavorable sur ses mouvements. Il ne suffit pas qu'elle soit bien confectionnée et de bon aloi comme marchandise ; il faut encore que ses perfections coïncident et soient en parfait rapport avec sa conformation. Il se pourrait qu'elle réunît toutes les qualités requises pour un sujet, et se trouvât très-défectueuse pour un autre. Elle serait reconnue vicieuse dans le cas où la sommité de l'arcade se trouverait en contact avec le garrot. Elle le serait également dans celui où les pointes

1. Ducroc de Chabannes, *Cours d'équitation.*

des arçons seraient assez serrées pour gêner le mouvement des épaules, ou assez écartées pour qu'elle eût son appui sur l'épine du dos. Sa forme et ses dimensions doivent être telles, qu'étant placée convenablement, elle pose et adhère au dos du cheval par le plus de points possible[1]. »

Employez un faux panneau avec les chevaux bas du garrot, ou qui ont le ventre gros, et une martingale à collier avec ceux (malheureusement trop rares) qui ont le garrot tellement élevé que la selle est sujette à glisser en arrière.

Que les sangles ne soient pas serrées outre mesure, et qu'elles soient croisées l'une par-dessus l'autre sous le corps du cheval. Lorsqu'elles ne sont que juxtaposées, elles pincent quelquefo s la peau.

Vous ferez bien de mettre sur les chevaux rétifs la selle dite *encastrée*, c'est-à dire celle dont le siége, le passage des cuisses et des jambes sont recouverts d'une peau de veau qui donne beaucoup d'adhérence au cavalier. Si vous n'avez pas de selle encastrée ou couverte, préparez votre selle de la même manière que les grooms anglais, à

---

1. Ducroc de Chabannes, *Traité d'équitation.*

l'aide d'onctions de savon noir. Elle cessera d'être glissante et assurera votre tenue aussi bien que le ferait une selle couverte ; en outre le cuir ainsi entretenu se conservera parfaitement. Ce conseil n'est pas inutile : car, ainsi que le fait remarquer un de nos écuyers les plus distingués, M. Victor Franconi :

« On admire souvent la solidité d'un cavalier qui tient en selle anglaise, malgré les écarts et les sauts de mouton, malgré les lançades et les pointes ; mais tout entier à la tenue, et trop heureux de ne pas être décroché, il ne peut pas faire usage de ses aides, entièrement paralysées par les efforts qu'il fait pour rester en selle. Dès que son cheval bondit, il ne cherche plus qu'à tenir, se souciant fort peu des préoccupations du gladiateur antique qui, succombant dans le cirque, voulait du moins tomber avec grâce.

« L'homme à cheval ne veut pas tomber du tout ; il se rattrape aux crins, à la selle, à l'encolure ; il se raccrocherait à la queue si elle tombait sous sa main ; et pendant ce temps le cheval, libre de ses mouvements, s'en donne à cœur joie.

« C'est seulement lorsqu'il a cessé, que le cavalier, raffermi en selle, veut avoir son tour ; mais dès les premières attaques le cheval recommence[1]. »

Il résulte de tout cela que la correction, comme dit judicieusement le même auteur, manque d'à-propos; elle vient après la défense, et c'était pendant la défense qu'il fallait châtier.

Les molettes trop piquantes, et la cravache qui sans cesse remue dans la main du cavalier, sont également à éviter : les premières font contracter les chevaux, qui refusent alors complétement de se porter en avant; la seconde, sans cesse aperçue de l'animal et le touchant quelquefois sans que le cavalier s'en doute, le trouble et le rend irrésolu dans sa marche.

En résumé, soyez sobre de châtiments; mais quand vous punissez, ayez de l'à-propos et de la vigueur. Commencez par *occuper* les chevaux dont vous suspectez la franchise; l'emploi discret et varié avec opportunité de l'appel de langue, du bridon et des jambes, les caresses sur l'encolure avec un entier abandon de la main, ou, au contraire, de légers attouchements de la cravache derrière la botte, accompagnés d'une tension plus soutenue des rênes, détourneront

1. Victor Franconi, *le Cavalier.*

l'attention de l'animal des causes extérieures propres à l'exciter à la résistance.

Mettez-le en confiance ; gardez-vous, quand vous prévoyez une défense, d'employer les aides de cette manière soudaine et durement marquée qui avertit le cheval de l'état de suspicion dans lequel vous le tenez, et qui éveille en lui la pensée de la lutte ou l'idée de la crainte. Tenez-vous sur vos gardes sans qu'il puisse s'en douter. Préparez vos armes, mais dans l'ombre.

Si vous arrivez à la correction, souvenez-vous qu'elle exige du discernement et de l'adresse ; j'entends par là une rapide appréciation du terrain sur lequel on se trouve, des embarras que la correction immédiate peut susciter à quelques pas de là, des concessions faites par le cheval dans la défense précédente, de l'état de surexcitation physique ou morale du sujet, auquel il faut peut-être donner le temps de se remettre et de reprendre haleine, etc., car je ne puis entrer dans tous les détails que la question comporte.

« Si un homme souffre quantité d'extravagances et de désordres à son cheval sans raison (pour ce qu'il faut quelquefois endurer avec jugement) et sans qu'il le chastie ; celuy-là se doit véritablement nommer ignorant et non patient ; comme aussi celuy qui bat son cheval sans nécessité, et lorsqu'il n'a besoin que des aydes, qui le tourmente des esperons, de la gaule, de la bride et du cave-çon, au moindre petit manquement qu'il fait, sans chercher autre invention pour le ramener quand il commet ses légères fautes; je nomme aussi très-certainement cet homme-là colère, ignorant, et non pas résolu; car la résolution est proprement de chastier le cheval quand il est temps et non autrement[1]. »

1. Pluvinel, *l'Exercice de monter à cheval*, 1660.

CHAPITRE VI

PROMENADES DES JEUNES CHEVAUX.

OTRE élève étant arrivé au point d'é-
ducation où nous l'avons laissé pour
nous occuper des défenses, il est temps
de le sortir souvent du manége ou du terrain con-
sacré à son dressage, pour le familiariser avec
les objets du dehors, et développer ses moyens
par un salutaire exercice sur de longues lignes
droites. Ces promenades lui donneront de la
force, du ressort et de la franchise; elles le pré-
pareront de bonne heure aux divers services
auxquels il est destiné.

Avant de les entreprendre, on habituera pendant
quelques jours, sur le terrain, le cheval à partir

au galop à droite et à gauche; le galop dont il s'agit ne doit pas être rassemblé, mais étendu, car son but est surtout *gymnastique*. Augmenter les facultés respiratoires, et donner du jeu aux membres, voilà ce que nous nous proposons.

Vous vous servirez du bridon pour entamer le galop sur le trot, et non en partant du pas; il ne faut pas courir après les difficultés, on les rencontre toujours trop tôt. Allongez donc le trot progressivement en augmentant le soutien de la main; quand il atteindra son degré maximum de vitesse, employez la jambe et la rêne opposées au pied sur lequel vous voulez déterminer le galop; aidez-vous de l'appel de langue, et au besoin d'un léger coup de cravache sur l'épaule qui devra entamer l'allure. — Ne vous préoccupez pas outre mesure de la position de la tête, mais soutenez les poignets pour l'empêcher de s'affaisser, ainsi que l'encolure; beaucoup de jeunes chevaux partent au galop en plongeant sur la main.

Soyez sobre d'exigences; l'allure une fois obtenue, laissez le cheval continuer pendant quelques foulées bien franches, puis, sans brusquer les temps d'arrêt, remettez-le doucement au trot en le caressant, et ensuite au pas. Ne vous perdez pas dans des détails de position et de vitesse. Quoi que vous fassiez, la légèreté et le calme ne viendront que plus tard.

Exercez le galop des deux côtés, sur le pied droit et sur le pied gauche, en suivant une sage progression qui vous permette de donner bientôt au jeune cheval quelques temps de galop un peu prolongés quand vous le monterez dehors.

Venons au travail à l'extérieur : je suppose que l'on n'a pas négligé ce qui doit se faire dans toute écurie bien tenue, avec les chevaux jeunes ou vieux, la promenade en main, au point de vue de l'hygiène. Ces sorties, qui dégourdissent les membres des chevaux de service, sont particulièrement utiles aux poulains, qui, n'étant pas inquiétés par le poids de l'homme, s'habituent plus promptement aux objets et aux bruits de toute nature.

Les premières fois que vous monterez le cheval dehors, donnez-lui d'abord sur le terrain une partie de sa leçon habituelle, sans le fatiguer toutefois. Puis, faites-vous accompagner par un homme monté sur un cheval tranquille dont la présence et l'exemple mettront le poulain en confiance. N'abusez pas de ce moyen, et supprimez-le le plus tôt possible. Il a quelquefois un mauvais résultat ; le jeune cheval se défend dès qu'on veut le faire marcher isolément, et s'attache à tous les chevaux qu'il rencontre sur la route.

Commencez la promenade par un temps de trot allongé propre à *baisser* votre monture. Il est bien entendu que vous trotterez à l'anglaise, car rien n'est plus propre à écourter et en même temps à rompre le trot d'un jeune cheval, que le choc isochrone du cavalier qui retombe plus ou moins lourdement sur sa selle à chaque temps.

M. le comte d'Aure dit en parlant du trot à l'anglaise :

« Non-seulement, de parer la réaction du grand trot est un avantage pour le cavalier, qui, tout en évitant des réactions très-fatigantes, peut donner à sa main une fixité et une légèreté qu'il perd autrement ; mais ce moyen facilite la progression du cheval et lui rend le travail moins pénible. En effet, en n'évitant pas la réaction, on diminue inévitablement la vitesse, car le moment où le cavalier, après avoir été violemment renvoyé de la selle, retombe dessus, est celui-là même où s'opère la détente des jarrets, et le choc qui en résulte amortit la force de ces articulations, et diminue proportionnellement la vitesse.

Ce qui vient encore contribuer à ce fâcheux résultat, c'est qu'à chaque secousse que reçoit le corps du cavalier, la main vient imprimer sur la bouche du cheval une saccade qui arrête encore l'impulsion en avant[1]. »

Que la promenade du jeune cheval ne soit pas trop longue, mais occupée ; ne laissez pas l'animal marcher d'un pas irrésolu, *flâner* en un mot. Donnez-lui un pas franc et régulier. « Le pas est le galop de toujours, » disent les Arabes. — Ramenez le cheval à l'écurie au pas.

Soyez, pendant la route, attentif aux objets propres à inspirer de l'effroi à l'animal, afin de ne pas être surpris. — Au trot, laissez le cheval prendre un point d'appui modéré sur la main.

Ne galopez que lorsque le terrain est propice et sans encombrements. — Évitez les allures vives dans les montées et surtout dans les descentes. — Ne sortez jamais le cheval de sa mesure régulière de vitesse, à aucune allure ; restez plutôt au-dessous de cette mesure.

Choisissez, autant que possible, pendant l'été, les heures du jour où la température est modé-

---

1. D'Aure, *Cours d'équitation*, Saumur, 1851.

rée; évitez la répétition des promenades sur la même route ; le cheval se défendrait lorsque vous voudriez plus tard changer votre itinéraire.

Quand il sera confiant dehors, au bout de quelques sorties il ne faudra pas craindre de le mener de temps en temps dans les chemins mal entretenus ou pierreux, afin de lui apprendre à poser adroitement les pieds sur toute espèce de terrain ; on aura la précaution de lui mettre des genouillères les premières fois.

Cet utile exercice est trop peu pratiqué; aussi voyons-nous beaucoup de chevaux de moyens et de prix butter à chaque pas dès qu'ils ont quitté les routes bien entretenues.

Quand on aura commencé ces petites leçons du dehors, il faudra les continuer avec régularité, tous les deux ou trois jours, par exemple, et comme vous les donnerez courtes, elles n'empêcheront pas que chaque matin le cheval ne suive la progression de son dressage sur le terrain ou au manége [1]. A moins qu'il ne soit faible ou d'un développement tardif, un cheval de trois ans,

---

1. Ces deux mots seront dorénavant pour nous synonymes, puisque, à défaut de manége nous nous sommes préparé un terrain qui en a la configuration rectangulaire, les côtés, les pistes, etc.

bien racé et bien nourri, peut parfaitement supporter chaque jour une demi-heure de travail le matin et une heure de promenade dans l'aprèsmidi, lorsqu'il est entre les mains d'un cavalier sage, comprenant non-seulement l'équitation, mais encore les chevaux, ce qui n'est pas complétement identique.

Habituer prudemment les chevaux au travail (surtout au grand air), c'est préparer des chevaux de fond et d'énergie; cela constitue même une sorte d'entraînement gradué, dont les bons résultats sont incontestables.

Du reste, il est dans la nature des assimilations qu'on ne saurait méconnaître; ainsi l'enfant du riche, parfaitement nourri, auquel on épargne toute fatigue corporelle, auquel on donne de l'exercice, mais pas de *travail* physique, ne devient pas aussi robuste que l'enfant du paysan, qui, avec une nourriture médiocre, prend des forces et développe ses membres en participant de bonne heure, en plein air, aux travaux de la ferme. Sans doute, on peut citer des exceptions, mais elles sont en bien petit nombre.

CHAPITRE VII

DE LA POSITION DE LA TÊTE ET DE L'ENCOLURE
DU CHEVAL.

ONOBSTANT les promenades, on continuera chaque jour la leçon du dressage, *la classe du matin*. On peut maintenant aborder la mise en main, c'est-à-dire chercher à obtenir de la tête et de l'encolure une légèreté telle que l'on puisse régler les allures, en donnant aisément toutes les positions qui précèdent et commandent les divers mouvements.

L'utilité de la position de la tête du cheval au point de vue de l'équilibre et des mouvements a été admise par les écuyers de toutes les écoles, malgré la différence des procédés employés et les diverses manières de comprendre la légèreté avec ou sans appui sur la main qui dirige l'animal.

« La principale chose, dit Newcastle, est de gagner la tête du cheval et de lui donner bon appui ; car, pour sa croupe, elle est aisée, ce qui m'a fait étonner de voir des cavaliers commencer par la queue ou croupe du cheval. *Si vous placez la tête du cheval, vous pourrez en faire ce que vous voudrez.* »

La Guérinière insiste sur l'importance du pli direct et même des plis latéraux de l'encolure. L'ancienne école allemande, représentée par d'Eisenberg et de Sind, est encore plus explicite. Écoutons ce dernier auteur.

« Mon soin principal est de placer insensiblement la tête du cheval, en n'y employant que beaucoup de douceur et de patience.... Tous ceux qui prétendent assouplir et dénouer les chevaux par le trot sans leur préparer toutes les parties du corps à cette souplesse, en commençant par l'exacte position de la tête, ne font que les affaiblir et les énerver.... Il est certain, et j'en donnerai toutes les preuves qu'on voudra, que toutes les parties du cheval s'accommodent à la position du col et de la tête. »

Dupaty de Clam écrit :

« La ligne perpendiculaire, par rapport à la tête du cheval, est la seule où l'impression de la main se fasse bien sentir, et dans laquelle l'appui sera parfait.... »

Le plus remarquable écuyer de notre époque, M. Baucher, s'exprime ainsi :

« La tête et l'encolure du cheval sont à la fois le gouvernail et la boussole du cavalier. Par elles, il dirige l'animal; par elles aussi il peut juger de la régularité, de la justesse de son mouvement. L'équilibre de tout le corps est parfait, sa légèreté complète, lorsque l'encolure et la tête sont elles-mêmes aisées, liantes et gracieuses. Nulle élégance, au contraire, nulle facilité dans l'ensemble, dès que ces parties se roidissent.

« Précédant le corps du cheval dans toutes ses impulsions, elles doivent préparer d'avance, indiquer par leur attitude, les positions à prendre, les mouvements à exécuter. Nulle domination n'est permise au cavalier, tant qu'elles restent contractées et rebelles; une fois qu'elles sont flexibles et maniables, il dispose de l'animal à son gré. »

Du reste, on comprendra plus aisément toute l'importance qu'il y a à s'emparer avant tout de la tête et de l'encolure, puisque leur concours est indispensable au cavalier pour mettre le cheval dans cet équilibre harmonieux, décrit si judicieusement par Montfaucon de Rogles et Dupaty de Clam.

« Il ne faut qu'examiner la conformation du cheval pour reconnaître que l'équilibre est le principe de sa force et la source de la sûreté de tous ses mouvements. Les quatre colonnes qui supportent son corps font la base de cet équilibre, et lui donnent la faculté de rejeter et de distribuer sur les parties qui ne doivent point d'abord agir, le poids superflu dont se trouve chargée celle qu'il veut mettre en action la première, et c'est par une semblable distribution qu'il parvient à perpétuer ses mouvements....

« L'équilibre étant essentiel à tous les mouvements qu'on peut exiger des chevaux, on doit sentir combien il est important de les établir dans ce point de force et de liberté. La nature le leur donne sans doute dans l'état de repos, *mais c'est à l'art à le leur conserver dans les différents airs où on les exerce.*

« Le moyen qu'il offre pour cela est l'obéissance à l'action des rênes et à l'effet des jambes, les unes gouvernant l'avant-main, les autres l'arrière-main ; il résulte de ces deux puissances un moyen sûr pour porter de côté ou d'autre, en avant ou en arrière, le poids nécessaire au parfait équilibre[1]. »

« On peut considérer le cheval comme devant être placé en équilibre sur son pivot, qui serait entre les jambes de l'homme, qui aura soin que les deux extrémités concourent à bien garder cet équilibre demandé…. La tête et le col étant bien placés, il faut sentir quelle est la différence des forces qui ont disposé les parties, afin de les maintenir dans cette position[2]. »

Le même auteur nous donne un exemple frappant de la nécessité de modifier l'équilibre du cheval suivant les opérations que l'on exige :

« Les chevaux sujets à se cabrer ont les forces réunies dans leur arrière-main ; il faut les répandre dans toutes les autres parties ; ceux-là demandent plutôt les jambes du cavalier que la main….

« Il n'est d'autre parti à prendre que de le mettre en équilibre sur les jambes, de manière qu'elles travaillent toutes également à soutenir tout le corps[3]. »

1. Montfaucon de Rogles.
2. Dupaty de Clam.
3. Dupaty de Clam.

Je lis aussi dans le *Nouveau Newcastle*, ouvrage imprimé en 1771, et généralement attribué au savant Bourgelat, que :

« Le but de l'art qu'un homme de cheval professe, est de donner aux chevaux qu'il entreprend l'union sans laquelle ils ne peuvent passer pour être bien mis. »

L'auteur nous explique que cette union est l'équilibre :

« C'est l'action, dit-il, par laquelle le cheval rassemble les parties de son corps et ses forces en les distribuant sur ses quatre jambes. Cet équilibre est le fruit de l'art, et vient se substituer à celui de l'état de la nature. L'équilibre naturel ne suffit point. Tous les hommes marchent, deux jambes les portent ; cependant on fait une grande différence de celui à qui l'art de la gymnastique a donné la science de s'en servir, et de celui qui n'a que la démarche grossière et naturelle. Il en est donc de même du cheval ; il faut que l'art dénoue la nature engourdie dans lui, si l'on veut tirer un parti avantageux des membres qu'elle lui a donnés... »

Enfin c'est par cette union que le cheval,

« Balançant son poids également et avec art, et distribuant ses forces avec méthode devient capable d'entreprendre, avec grâce et avec justesse, tout ce que le cavalier peut exiger de lui, proportionnellement aux dispositions naturelles qu'il a d'ailleurs. »

Les citations qui précèdent ont eu pour objet de vous prouver l'importance de ces deux points, savoir :

1° Que la bonne position de la tête et de l'encolure du cheval donne au cavalier le moyen de mettre l'animal en équilibre.

2° Que l'équitation repose sur l'équilibre du cheval, c'est-à-dire sur la juste répartition de ses forces diversement combinées suivant les différents mouvements que l'on exige.

Revenant à notre définition de la mise en main, nous dirons : la mise en main est obtenue quand la tête du cheval est perpendiculaire au sol, avec mobilité de la mâchoire, et lorsque l'encolure se plie latéralement à volonté.

Pour arriver à ce but, si le cheval a le nez au vent, vous chercherez à le placer d'abord un peu en arrière de la perpendiculaire ; s'il est encapuchonné, vous le placerez au contraire un peu en avant de cette ligne, jusqu'à ce que la légèreté de la tête permette d'obtenir progressivement la véritable position.

Ainsi, les jambes poussant d'abord le cheval en avant, la main rencontre dans l'encolure et dans la mâchoire une opposition élevée ou basse, selon la conformation et les habitudes du cheval. Le cavalier, tout en continuant, si le cheval se ralentit, l'impulsion des jambes, oppose avec la main une force égale aux résistances ; et au moment où le cheval, par un mouvement même imperceptible, tend à *ramener* sa tête vers la position demandée, la main rend, prête à s'opposer immédiatement à ce que le cheval sorte de cette position nouvelle, qui est un acheminement à la véritable.

C'est donc par une série d'oppositions et de concessions habiles, que le cavalier obtiendra et conservera la position perpendiculaire, et rendra cette attitude facile, et pour ainsi dire, naturelle au cheval. En employant les moyens que je viens d'indiquer, on arrivera à la légèreté de la tête, ou à la mise en main que nous appellerons *directe*, pour la distinguer des plis latéraux de l'encolure. Pour les obtenir, à droite par exemple, le cheval étant placé comme nous venons de le dire, et les jambes agissant également pour donner l'impulsion en avant, on opposera, aux résistances, la rêne droite de la bride, précédée et accompagnée, dans les commencements de l'action de la rêne droite du bridon, qui facilite le mouvement; et quand le cheval se rapprochera tant soit peu de la position cherchée, on cédera, pour reprendre de nouveau dès qu'il s'en éloignera, et arriver progressivement au pli complet. A gauche, mêmes principes et moyens inverses.

La mise en main s'obtiendra progressivement si vous savez vous contenter d'abord de résultats minimes en apparence, si vous évitez une trop grande fixité de main, et surtout, si les jambes précèdent toujours les indications du mors, de façon que l'impulsion en avant ne soit jamais interrompue.

Réglez votre travail actuel de manége de la manière suivante, jusqu'à ce que l'exécution soit bonne :

Au pas. Travail aux deux mains[1]. — Mise en main directe. — Placer la tête du cheval en dedans pendant quelques pas sur la ligne droite,

---

1. On dit : marcher à main droite lorsque l'intérieur du manége est à droite de la piste que l'on suit; dans le cas contraire, on marche à main gauche et tous les tournants s'exécutent à gauche. Pour passer d'une main à l'autre, on traverse le rectangle du manége par une diagonale; ce mouvement constitue la figure nommée changement de main.

avant de commencer les cercles. — Cercles larges d'abord, plus rétrécis progressivement.

Il est bien entendu qu'il faut ployer l'encolure en raison de l'arc de cercle que l'on parcourt, ni plus ni moins; la jambe du dehors doit soutenir les hanches et forcer l'arrière-main à passer sur le terrain dessiné par l'avant-main. Les jambes ont donc pour fonction de maintenir l'arrière-main sur la piste circulaire. Les chevaux étant le plus souvent portés à jeter leurs hanches en dehors du cercle, la jambe du dehors doit généralement avoir une action plus soutenue.

Au trot. Mise en main comme au pas. — L'encolure bien droite ; un peu de soutien des jambes et de la main. — Cercles comme au pas.

Entre chaque allure, et à la fin du travail, arrêter le cheval sur la piste, et essayer deux ou trois pas de reculer, le reporter en avant ensuite du même nombre de pas.

Pour reculer, le cheval étant en place, le cavalier ferme également les jambes pour le mobiliser; la main marque alors une opposition qui tend à le porter en arrière. Après le premier pas, le cavalier rend pour reprendre et obtenir le second; ainsi, il doit reprendre avant et rendre après chaque temps de reculer. Cette double action sera délicate et bien liée aux mouvements rétrogrades du cheval. Les jambes, nous l'avons dit, seront également fermées pour empêcher le cheval de se traverser. Si pourtant leur effet est insuffisant, arrêtez le cheval, redressez-le, mobilisez-le, et reculez de nouveau, en pliant l'encolure du côté où il jette les hanches, et en raison de la résistance que celles-ci présentent.

Ne prolongez pas ce travail, et commencez par reculer à pied (en vous servant de l'attouchement de la cravache sur les jambes de devant, alternativement) les chevaux mal conformés pour lesquels ce mouvement est difficile. A pied aussi bien qu'à cheval, mobilisez d'abord, reprenez et rendez délicatement ; caressez l'animal au moindre effort qu'il fait pour obéir.

Galop. Quand le cheval se présentera bien à ces différents travaux, quand le galop pour ainsi dire élémentaire que j'ai indiqué plus haut, s'exécutera avec calme et sans désordre, on essayera des départs au galop en ramenant l'animal dans la vraie position du galop assis ; c'est-à-dire en plaçant le bout du nez en dedans ; six ou huit foulées de galop à la fois, pas plus, et quatre ou cinq départs seulement à chaque main.

Il est surtout utile de rappeler, à propos du

départ au galop, que la position donnée au cheval doit toujours précéder et commander le mouvement.

Il faudra donc, pour le galop à droite, par exemple, placer les hanches *un peu* à droite des épaules, en fermant la jambe gauche, et amener le bout du nez légèrement à droite. N'exagérez pas la position des hanches à droite, et maintenez le cheval aussi droit que possible. Je dis *autant que possible*, parce que je ne crois pas qu'un cheval puisse partir au galop et même galoper *complétement en ligne*. Des expériences, mille fois répétées, m'ont confirmé dans cette opinion. Il est certain que plus un cheval bien conformé avance dans son éducation et dans la pratique du galop, plus il tend à se redresser avec le secours de la jambe du dedans plus soutenue; mais, sauf peut-être dans le galop de course, où il est difficile d'apprécier les positions, il y a toujours une légère déviation des hanches en dedans.

Pour m'expliquer ce fait, j'ai eu recours à une hypothèse. La voici. Quand le cheval au trot lève deux membres, il a toujours, pour soutenir le rectangle de sa base, le poser d'un bipède diagonal : c'est là une admirable condition d'équilibre Au galop, au contraire, lorsque le bipède antérieur est en l'air, ainsi que la jambe droite de derrière, il faut que le membre postérieur gauche soutienne le poids du corps. Il a fort à faire, car il est loin du centre de gravité de la masse à supporter. Aussi examinez la jambe la plus usée des chevaux qui ont beaucoup galopé à droite; en général, vous trouverez que c'est la jambe gauche de derrière.

Pour satisfaire à sa rude besogne, le membre postérieur gauche est obligé de s'avancer sous le fardeau, afin de suppléer à la diagonale un instant absente, de se rapprocher du poids à porter et de prêter son concours aux reins dans leur mouvement de bascule. Aussi les chevaux qui ont les reins et les jarrets faibles sont ceux qui se traversent le plus dans le galop, surtout dans le galop lent, qui exige un soutien plus prolongé de la masse. Par contre, le corps de l'animal se rapproche d'autant plus de la ligne droite, que la conformation est plus puissante et l'allure plus rapide. C'est du moins mon opinion sur cette matière tant controversée, aussi je la donne seulement comme mienne et non comme bonne, et je reviens aux départs au galop, qui sont bien autrement importants.

J'ai dit, en parlant du galop à droite : placez d'abord les hanches un peu à droite des épaules en fermant la jambe gauche, et amenez le bout du nez légèrement à droite. Maintenant, pour provoquer le départ, les deux jambes agissent, la gauche davantage, afin de maintenir les hanches dans la position indiquée. La main marque alors une opposition qui enlève les épaules sur l'impulsion donnée par les jambes, et elle rend immédiatement après.

Pour entretenir le galop, les opérations, qui ont servi au départ, se répéteront pendant toute la durée de l'allure. Il est bien entendu qu'à gauche, ce sont les mêmes principes, avec les moyens inverses.

Le juste départ au galop, étant une des difficultés de l'équitation, ne devra être essayé que quand on sentira le cheval très-obéissant aux jambes et déjà un peu léger à la main. C'est au tact du cavalier qu'il appartient de juger de l'opportunité de ce travail; s'il s'est trompé, s'il a agi prématurément, il rencontrera de grandes résistances, des défenses même; il devra immédiatement revenir aux leçons précédentes.

Dans les promenades, vous recueillerez nécessairement le fruit de la leçon donnée le matin au cheval; mais vous n'abuserez pas des résultats obtenus; vous ne tiendrez pas l'animal renfermé impitoyablement dans les aides. Rendez-lui beaucoup de liberté, ne cherchez pas la verticalité de la tête, ou, si vous la demandez, que ce soit pour un instant, et donnez ensuite un peu d'appui sur la main, surtout au trot, qui devra être franc et allongé.

Partez au galop aussi régulièrement que le permettra l'avancement dans le dressage; mais ne cessez pas l'allure après quelques foulées, comme au manége; surtout ne la raccourcissez pas, au contraire, développez-la sagement, afin de dégourdir les membres, et de donner du jeu à tout le système musculaire.

CHAPITRE VIII

PROGRESSION DU DRESSAGE POUR LES CHEVAUX
FAITS.

ANS le dressage du cheval, on doit, pour éviter le désordre, ne passer à un travail compliqué que quand le précédent, plus simple, a été bien compris et bien exécuté. Que ce principe, sur lequel je n'insisterai plus, soit pour vous une règle invariable.

On continuera donc les exercices qui ont fait le sujet du chapitre précédent, jusqu'à ce que les résultats obtenus permettent de progresser.

Au pas. Vous vous occuperez avec plus d'attention de la position de la tête et de sa légèreté. Le cheval est-il un peu roide au commencement du travail, laissez-lui faire, au sortir de l'écurie, un ou deux tours de manége, les rênes sur le cou ; il se dégourdira et deviendra plus facile. Vous l'exercerez ensuite sur des cercles plus courts que les précédents, mais néanmoins *toujours en raison de sa longueur*. Vous ne rétrécirez pas les cercles si vous n'êtes pas complétement maître de l'encolure, c'est-à-dire si le cheval essaye de la jeter en dehors du cercle pour le rendre plus grand, et vous lutterez contre cette disposition avec la jambe du dehors. Vous éviterez le trop grand emploi des jambes ; que le cheval réponde à la pression seule du gras de jambe, et qu'il redoute l'éperon, placé près de son ventre comme une sentinelle avancée. Qu'il sache, en un mot, que, s'il ne répond pas immédiatement à l'aide de la jambe, un vigoureux coup d'éperon, et non un picotement, lui est réservé. Vous demanderez aux deux mains, pendant quelques pas, le pli de l'encolure du côté du mur ou du dehors, le cheval maintenu droit par la jambe du dedans. Cet exercice est excellent pour assouplir l'animal et le préparer aux pas de côté.

Pas de côté. Les pas de côté ont pour but, tout à la fois, d'assouplir les épaules du cheval et de rendre son arrière-main docile aux moindres indications des jambes du cavalier. A ce dernier point de vue, ce travail est très-utile, car il devient un puissant auxiliaire pour obtenir des départs au galop justes, ainsi que des changements de pied faciles ; nous verrons en effet tout à l'heure, en parlant du changement de pied, combien il est important de pouvoir déplacer facilement les hanches du cheval à droite ou à gauche. Les pas de côté bien exécutés amèneront bientôt ce résultat, en apprenant au cheval à discerner promptement l'effet plus marqué de telle ou telle jambe. Vous les demanderez sur la ligne du changement de main, et le cheval ayant l'encolure ployée du côté vers lequel il marche. Quelques pas avant d'arriver au mur pour reprendre la nouvelle piste, vous fermerez la jambe opposée à la direction que vous suivez et au pli de l'encolure ; la main conduira les épaules vers le mur, la jambe opposée, augmentant son action, poussera la croupe dans le même sens ; de la sorte, les épaules et les hanches arriveront presque en même temps sur la nouvelle piste. Je dis presque en même temps, parce que *les épaules doivent toujours précéder les hanches.* Vous veillerez avec le plus grand soin à ce que le cheval se porte en avant à chaque pas, et vous y parviendrez d'autant plus aisément que vous réglerez davantage le mouvement des hanches sur celui de l'avant-main. Vous n'abuserez pas de ce travail, et vous ne le prolongerez qu'en raison de sa facilité.

Au trot. Les cercles, les pas de côté et le galop ont augmenté la souplesse et par conséquent la légèreté du cheval. C'est au trot que les bons résultats obtenus dans les autres allures viendront se résumer, et pour ainsi dire se coordonner ; ses progrès seront l'expression et comme la pierre de touche de l'avancement de l'animal dans son éducation.

Soit que, chassant la masse en avant par les jambes et formant des oppositions de main habiles, vous demandiez un trot élevé, soutenu et cadencé, avec la tête du cheval dans la verticale, et une mise en main complète ; soit que vous laissiez, au contraire, votre élève s'appuyer modérément sur la main, allonger un peu son encolure, et développer ses moyens non plus en élévation, mais en vitesse, souvenez-vous que le trot doit toujours être franc et carré.

Longtemps avant que cette allure fût comme aujourd'hui la plus recherchée chez le cheval, le *Nouveau Newcastle* (1771) en constatait l'importance, et en donnait une définition qui me paraît digne d'être citée.

« Le trot, pour produire de bons effets, doit avoir trois qualités essentielles : il doit être déterminé, délié et uni. Ces trois qualités nécessaires ont une dépendance absolue, et participent l'une de l'autre ; on ne peut, en effet, passer au trot délié sans avoir commencé par le trot déterminé ; et on ne peut parvenir au trot uni, sans avoir fait connaître au cheval le trot délié.

« J'appelle trot déterminé, celui dans lequel le cheval trotte sans se retenir, sans se traverser, et par le droit : c'est, conséquemment, celui par lequel on doit commencer ; car, avant de rien entreprendre, il faut indispensablement qu'un cheval embrasse sans peine et sans crainte le terrain qu'il découvre devant lui.

« Le trot peut être déterminé sans être délié ; le cheval peut en effet se porter en avant, mais ne pas avoir en même temps ce dénoûment dans les membres qui caractérise le trot délié. J'entends, par trot délié, celui dans lequel le cheval, en trottant, et dans chaque mouvement de son trot, plie toutes les jointures, c'est-à-dire celles des épaules, des genoux et des pieds ; ce que ne peuvent faire les poulains, à qui l'exercice n'a pas encore donné cette facilité dans le maniement de leurs membres, et qui trottent, au contraire, avec une roideur étonnante, et sans faire montre du moindre ressort.

« Le trot uni est celui dans lequel les mouvements du cheval sont tellement égaux, que ses jambes n'embrassent pas plus de terrain les unes que les autres ; il faut que dans cette action le cheval rassemble ses forces, et les distribue également pour ainsi dire. »

Au galop. Quand le galop sera facile à droite et à gauche, vous l'exercerez sur des cercles alternativement aux deux mains, et le cheval dans le pli. — Puis dans les changements de main, vous vous arrêterez au bout de la ligne diagonale, et lorsque le cheval sera sur la piste nouvelle et parallèle au mur, vous le remettrez au pas, pour repartir sans brusquerie du pas au galop sur le pied opposé. Vous augmenterez le nombre des départs et des temps d'arrêt. Ne galopez pas longtemps de suite, c'est inutile ; ayez du calme et de la patience ; arrêtez l'allure et reprenez-la souvent.

Si vous êtes satisfait du galop régulier, c'est-à-dire sur le bon pied, demandez à la fin du travail des départs au galop à faux (une longuenr de manége seulement pour commencer [1]).

Bientôt vous passerez un coin à faux, puis deux, mais ne vous pressez pas dans cet exercice; il faut du temps pour que le cheval y devienne adroit. Intercalez entre chaque temps de galop à contre-pied un temps de galop juste. Pour obtenir un bon résultat, il faut faire partir le cheval dans le pli, et par le seul fait de la position qui lui est préalablement donnée. Ainsi la position du cheval au galop sur le pied droit doit être le pli de l'encolure à droite, et les hanches suivant les épaules, mais plutôt à droite qu'à gauche de ces dernières. Je vous l'ai précédemment expliqué, quoique le but du cavalier soit de faire galoper le cheval aussi droit que possible, il existe toujours un peu d'inclinaison.

CHANGEMENT DE PIED. Votre cheval galope bien des deux côtés, à faux et sur le bon pied; alors, mais *alors seulement*, commencez sur des lignes droites des changements de pied sans changer d'allure, ou du tact au tact, comme disaient nos

---

1. Sur la ligne droite, ou sur un cercle, un cheval qui, partant à main droite, entame le chemin avec le pied gauche de devant, est faux; de même que si, partant à main gauche, il entame le chemin avec la jambe droite.

pères. Vous comprendrez mieux la théorie de ce mouvement par un exemple : Vous galopez à droite ; marquez un temps d'arrêt qui vous permette de changer la position de l'encolure par la rêne gauche, celle des hanches par la jambe droite, et poussez en avant par la jambe gauche, qui vient aider la droite à cet effet dès que celle-ci a obtenu le déplacement de l'arrière-main. Un changement de pied du galop au galop nécessite une foulée de galop plus grande que les précédentes ; donc, après avoir changé la position du cheval, on doit rendre immédiatement la main, quitte à ralentir l'allure dans la foulée qui suit. Les premiers changements devront être adroitement enlevés, arrachés en quelque sorte à l'animal. Peu à peu ils deviendront plus faciles. Ne les rapprochez pas l'un de l'autre ; donnez-vous tout le temps de réparer le désordre qu'ils occasionneront et de calmer l'animation du cheval. Cinq ou six changements à chaque leçon suffiront pendant les premiers jours.

Rencontrez-vous des résistances, reprenez tout de suite les leçons précédentes, la mise en main, les cercles, etc.; puis revenez tranquillement au changement de pied. Je suppose que celui de droite à gauche, par exemple, ne se fait pas ; le cheval s'y refuse, il s'arme, il se précipite sur la main ou il se désunit ; arrêtez-le : exercez le galop à contre-pied (restant à main droite, galopez sur le pied gauche), et recommencez le changement de pied qui n'a pas réussi, dès que le galop à faux sera léger. Si le cheval l'exécute bien une ou deux fois, remettez-le au pas, caressez-le, et ne lui en demandez pas davantage.

C'est ici que le dressage devient très-difficile et qu'il exige un grand tact. Dans les changements de pied, il faut se méfier beaucoup de la désunion des membres. Les chevaux les plus faciles emploient tous les moyens pour se soustraire à ce travail, qui leur est pénible. Je terminerai ces conseils sur le dressage au manége par quelques recommandations générales auxquelles j'attache une grande importance.

Évitez de routiner vos chevaux par des leçons monotones ; variez le travail, ne prenez pas les changements de main, les cercles, les départs au galop, toujours aux mêmes endroits ; ne demandez pas les mêmes mouvements ni les mêmes allures dans le même ordre à chaque leçon.

Quand une chose ne réussit pas, ne vous y acharnez pas de manière à rebuter votre élève : passez à un autre genre de travail, et avant de descendre de cheval, demandez-lui pendant quelques pas seulement le mouvement qu'il a mal exécuté; s'il montre de la docilité pendant ces quelques pas, flattez-le et renvoyez-le à l'écurie. Je n'entends point parler ici du cas où l'animal entre en révolte avec une sorte de connaissance de cause qui n'échappe pas au véritable cavalier; alors il ne faut pas céder. Mais je veux dire qu'en redemandant dix fois de suite à un cheval le même travail parce qu'on ne le trouve pas suffisamment correct, on fait fausse route; on exaspère ou on abrutit sa monture, qui perd la tête et va de mal en pis.

Après un temps de galop fait avec légèreté sur le pied où il y a ordinairement de la roideur, après un trot régulier et soutenu, avec une mise en main complète, caressez le cheval, faites-lui faire un ou deux tours de manége au pas, les rênes sur le cou.

Ou bien arrêtez-le un instant, et laissez-le libre en place.

Je ne parlerai pas de l'équitation dite de haute école. Ce mot ne m'a jamais semblé rendre exactement l'idée qu'il paraît représenter. On entend par haute école un certain nombre de figures ou airs de manége plus ou moins compliqués et élegants, qui n'ont pas d'objet dans l'emploi habituel des chevaux. Or, la haute école n'étant pour ainsi dire que l'extension et la pratique perfectionnée des principes qui servent de base à l'équitation en général, nous l'appellerons, pour parler avec exactitude, équitation rassemblée. En effet, le mot *rassembler* exprime cet état de complète soumission aux aides les plus nuancées, dans lequel le cheval peut facilement prendre, sous un homme habile, les diverses positions nécessaires à l'exécution des mouvements les plus variés. C'est l'art dans sa plus large expression, et le champ est sans limites.

Nous n'aborderons pas l'enseignement de cette équitation, et nous en resterons aux principes exposés dans les précédents chapitres, tenant pour suffisamment dressé au service actuel de la selle le cheval qui exécutera bien le travail ci-dessus indiqué.

Plus vous monterez de chevaux et plus vous vous apercevrez que le nombre de ceux qui sont souples, légers à la main, soumis aux aides dans toutes les directions et à toutes les allures, est plus restreint qu'on ne le suppose. J'ajouterai que trop souvent des cavaliers que le manque de solidité ou le défaut de science met hors d'état de conduire leurs chevaux simplement, mais franchement, s'attachent par vanité aux difficultés de l'art. Ils s'écartent ainsi du but usuel de l'équitation pour arriver aux plus pernicieux résultats, dont le moindre est de les dégoûter des chevaux, eux et ceux qui les imitent. Je le déclare donc, j'estimerai très-bon cavalier et même véritablement écuyer celui qui, ayant entrepris un cheval entièrement neuf, l'aura dressé de manière à le rendre capable d'un service agréable au dehors. Je le préférerai de beaucoup au prétendu dresseur qui s'adonne à une mauvaise équitation rassemblée. Cette dernière est comme la poésie, elle ne souffre pas la médiocrité. Le cavalier qui se sert bien du cheval dehors, est dans l'art un prosateur habile. Du moment où il rassemble, il cherche le rhythme, il veut s'exprimer en vers. S'il est médiocre, il est insoutenable ; je lui dirai avec Boileau :

> Soyez plutôt maçon, si c'est votre talent.

Du reste, l'équitation rassemblée est la pratique de l'art pour l'art ; elle exige des travaux sérieux et longs, secondés par une aptitude spéciale ; elle n'est donc pas le partage du grand nombre. De plus, dans un siècle mercantile et positif, où l'on veut vivre vite et trouver pour son argent des jouissances immédiates et faciles, elle ne peut être érigée en mode; et puis cela coûte cher à apprendre; aujourd'hui on veut du bon marché, et on en a.

Ce que je dis là est tellement vrai, que, malgré les maîtres les plus habiles, malgré les écrits les plus remarquables, non-seulement fort peu d'hommes aujourd'hui sont capables de dresser des chevaux dits de haute école, mais il n'y a qu'un nombre très-minime de cavaliers en état de monter ces chevaux avec tact et justesse.

Attachez-vous donc pendant longtemps au travail indiqué précédemment. Si vous parvenez à bien dresser quelques chevaux dans ces limites modestes, alors seulement vous pourrez prétendre à un but plus élevé, et entreprendre, si votre goût et votre tact vous y portent, l'équitation rassemblée. Avant tout, il faut savoir diriger avec assurance un cheval vigoureux, et connaître à fond tout à la fois les difficultés et les jouissances qu'offre le dressage du poulain ou du cheval neuf. Voilà d'abord ce que la pratique réclame.

CHAPITRE IX

OTRE cheval répond aux aides; vous êtes maître des principales positions de l'encolure et des hanches; vous obtenez à volonté un trot élevé ou étendu ; le galop est léger et les changements de pied sont faciles. Votre cheval me semble dans d'excellentes conditions pour devenir un bon cheval de dehors; il est urgent de le rendre tel par un travail réellement approprié au service à l'extérieur, et ce travail est tout à fait spécial, comme le fait remarquer un hippiatre aussi distingué par ses écrits que par sa science pratique.

Après avoir analysé les méthodes d'enseignement équestre actuellement en usage, M. le baron de Curnieu ajoute :

« Les trois écoles que nous venons de définir peuvent-elles nous fournir un mode d'enseignement qui réponde aux exigences de notre époque ? Non, toutes trois sacrifient aux travaux de l'académie le véritable but de la question, qui est l'usage général du cheval ; toutes trois ont répété qu'il n'y a pas de science à aller vite, qu'en dehors du manége il n'y a que routine et audace, et qu'un homme instruit aux difficultés du dedans en sait plus qu'il n'en faut pour briller dehors, parce que qui peut le plus, peut le moins ; là est l'erreur : aller dehors n'est pas plus, n'est pas moins qu'aller dedans, c'est autre chose.

« Dompter un cheval, le rendre doux, agréable, commode, exécuter sur lui avec précision, justesse et aisance, des figures compliquées et des mouvements difficiles, c'est un mérite.

« Développer un cheval dans toute l'extension et la rapidité de ses moyens, le mener avec vitesse et sûreté au travers d'obstacles de toute nature, dans un terrain inconnu, ménager ses ressources, maîtriser ses résistances ou son effroi, lui inspirer de la confiance en ses propres forces et en votre sagesse, obtenir, en un mot, de sa vigueur et de son moral, un parti que l'on n'aurait osé espérer, c'est un mérite aussi. C'est de plus un genre d'équitation en rapport avec les idées actuelles, car enfin nous avons des courses, des chasses, nous pouvons avoir la guerre, et nous n'avons malheureusement plus de tournois ni de carrousels [1]. »

Parlons d'abord de la meilleure tenue de l'homme de cheval à la promenade, à la chasse, à la guerre même. Dans le manége, le peu d'éducation du cheval et la nécessité de le rendre fin et obéissant aux aides, exigent que le cavalier s'applique à prendre la plus belle et la plus régulière de toutes les positions. En agissant ainsi, il habituera son corps à la fermeté sans roideur, à la souplesse sans nonchalance. Cette utile gymnastique, fréquemment pratiquée à l'intérieur, doit être évitée dehors. Là, le cavalier doit se dégager d'une tenue préoccupée, et dont la recherche est fatigante pendant une course de plusieurs heures. Dupaty de Clam disait :

« La position d'un homme qui mène un cheval dehors ne doit pas être aussi parfaitement

---

1. De Curnieu, *Leçons de science hippique générale*, tome II.

régulière que s'il était au manége ; il y aurait un peu trop d'affectation ; néanmoins, il faut qu'il ne néglige ni son assiette ni ses cuisses : il doit régner dans toute sa personne une aisance qui ne fasse point soupçonner trop d'attention à mener son cheval. »

Évitez les contractions ; elles nuisent à la solidité, ce point si essentiel, ce but principal de la position. Pour devenir solide, il faut s'être senti souvent vaciller sur une selle, et avoir précipitamment cherché les points d'appui les moins académiques. Alors seulement on finit par se rendre compte des déplacements ; on s'aperçoit qu'être solide ce n'est pas seulement ne pas tomber, mais avoir cette fixité moelleuse qui laisse aux mains et aux jambes la liberté d'agir ; que pour cela la force est inutile, et qu'enfin, si d'adroites pressions de genou et de mollet servent quelquefois à résister aux mouvements brusques du cheval, il ne faut pas chercher ces effets, qui se produisent instinctivement, mais plutôt diminuer leur intensité, qui ôte la souplesse, et savoir relâcher à propos les articulations.

Ainsi, pas de contrainte dans les épaules, les bras et les mains, dans la ceinture et dans les jambes. Les *bons* jockeys anglais ont le type ďo cette position de l'homme qui va vite et commodément. Ils portent l'étrier court, ce qui donne au cavalier pleine confiance en son assiette, et en outre, de la puissance sur le cheval qui tire à la main. Ils cherchent à suivre, à aider et à soulager par le déplacement adroit de leur poids toutes les positions nécessaires à la vitesse. Assis sur des selles dont le siége est relativement large, ils ont la cuisse, le genou, le mollet étroitement collés aux quartiers *et sans force*. Ils sentent bien que plus ces parties seront près du cheval, mieux cela vaudra.

Le cavalier intelligent imitera du jockey le liant, la souplesse des reins surtout; mais il évitera d'avoir les coudes écartés, et les étriers habituellement chaussés jusqu'au cou-de-pied. S'il est parfois obligé de les chausser plus qu'à l'ordinaire, il le fera momentanément, sans exagération et sans baisser la pointe du pied. Il prendra le bon et laissera le mauvais, se gardant de cet esprit de complète imitation qui caractérise le singe. Profitons de l'expérience hippique de nos voisins, elle est grande et il y a beaucoup à gagner à l'étudier; mais de grâce, ne copions pas leurs travers quand même : il y a dans cette manie de contrefaire, non-seulement de la puérilité, mais une étonnante abnégation. Pourtant, s'il vous est absolument agréable de donner à votre cheval un nom anglais, et de lui dire : *come here*, au lieu de : *viens ici*, ne vous en privez pas, c'est une joie innocente qui a le mérite d'être de bonne compagnie.

Dehors, laissez beaucoup de liberté à votre monture. Honnis soient ces cavaliers qui cherchent à ramener leurs chevaux comme s'ils étaient au manége, qui les travaillent sans but et les fatiguent sans résultat. Honnis soient plus encore ceux qui poussent l'amour d'eux-mêmes jusqu'à faire sur les promenades publiques des mouvements dits de haute école, cherchant à obtenir de leurs chevaux, sous prétexte de les rassembler, un affreux piétinement. C'est bien pour eux qu'a été créé ce mot : *caracoler*, dont la structure même semble indiquer une action indéfinie et ridicule. Disons en passant que la plupart de ces cavaliers, lorsqu'ils se trouvent dans un manége, y trottent à l'anglaise (et pour cause), y galopent à faux et à fond de train, ne quittent jamais la piste, ou tournent dans tous les sens, le nez en l'air, les rênes flottantes, absolument comme s'ils voyageaient dans une savane.

Il est certain qu'un homme habile qui, montant à première vue un cheval d'action, se sert adroitement de sa main pour régler au pas la cadence qui résulte de la vigueur de sa monture, est agréable à remarquer ; mais les gens dont nous parlons plus haut inspirent une sorte de pitié, pour leurs chevaux surtout. Une fois pour toutes, persuadez-vous que le manége est destiné surtout à l'éducation du cavalier et à celle du cheval ; et que le travail au dedans, étant une classe, doit se faire à huis clos ; les professeurs ne se promènent pas sur les boulevards avec leurs robes. Ainsi, au manége, nous érigeons en principe que le cheval, pour marcher convenablement aux allures raccourcies, doit avoir la tête perpendiculaire au sol. Si dehors on exige à la lettre cette condition, il est des chevaux que l'on fatiguera singulièrement, qui seront laids, désagréables et incapables de marcher assez vite pour accompagner qui que ce soit ; d'autres, si on les abandonne trop, seront froids et incertains ; d'autres enfin, plus ardents, se sentant libres, s'animeront, se désuniront et deviendront décousus dans leurs allures. Il est donc nécessaire de placer la tête de chaque cheval plus ou moins en avant de la verticale, suivant la mesure de ses moyens. Pour cela, on cherchera le point auquel, marchant sous la seule impulsion de ses actions naturelles, il demeure léger à la main sans un travail constant de la part de celle-ci.

Quelques-uns prétendent que, sur un terrain difficile ou avec un cheval peu sûr du devant, il faut, pour éviter des chutes, soutenir l'animal avec les jambes et la main. — Cela dépend. — Ce moyen, qui réussira à tenir en éveil un cheval paresseux et lymphatique, inquiétera un cheval impressionnable et ardent au point d'accroître l'incertitude de sa marche. L'un ne pourra, s'il chancelle, être redressé sans un effet de rênes vigoureux, et il faudra même y joindre l'attaque des éperons ; l'autre, surpris par ces mêmes effets trop brusques, fait un effort subit qui, au lieu de le remettre d'aplomb, occasionne une glissade plus grave, et une chute inévitable. Ne corrigez pas un cheval au moindre faux pas ; cette brutalité inutile ne l'empêchera pas de butter encore un peu plus loin s'il est jeune et maladroit, s'il manque de force, ou enfin s'il souffre et si de mauvais pieds entravent sa marche. Le cheval sujet à faire des fautes en fera moins aux allures vives ou sur un terrain rocailleux que sur une surface très-unie, ou aux allures lentes, mais tous sont susceptibles de chutes sur un sol glissant; l'attention du cavalier n'y peut rien; il doit, dans ce cas, compter beaucoup sur l'adresse et l'énergie de l'animal. Aussi les Arabes disent-ils :

> Dans les bons chemins, tiens ton cheval;
> Dans les mauvais, tiens-le si tu veux.

C'est surtout dehors que le caractère du cheval se révèle tout entier; là, il est plus nerveux, plus impressionnable; l'instinct de la conservation se développe et tient presque constamment toutes ses facultés en éveil. Le cavalier attentif aura donc mille observations intéressantes à faire, tant sur le caractère et l'intelligence de sa monture, que sur l'étendue de ses moyens.

Presque tous les chevaux, même les plus sages, se laissent surprendre et effrayer par un bruit ou un attouchement inattendu, ou par un objet éclairé d'une façon inaccoutumée. Aussi il est bon de les conduire souvent dans les endroits bruyants et populeux. Du reste, menez un cheval peureux dans une grande ville; en quelques instants l'agitation générale, la multiplicité des voitures, les couleurs variées, les objets de toute nature, lui deviendront presque indifférents et le mettront même en confiance. Et pourtant le même animal, sur une route, à la campagne, fera des écarts dès qu'il verra ou entendra un véhicule quelconque. N'est-ce pas en vertu d'une loi naturelle analogue que dans le silence et l'isolement le son le plus faible affecte notre oreille, tandis que, dans une ville, des bruits qui devraient nous assourdir, s'ils nous impressionnaient de la même manière, n'ont pas même le pouvoir de distraire notre attention ?

Un habile professeur, M. le comte de Lancosme-Brèves, analyse ainsi le caractère du cheval :

« Attentif, mais timide, il est d'autant plus défiant qu'il est d'une ignorance absolue sur toute chose. 1 faut qu'il étudie les formes, le son, l'odeur, le goût, la sensation du toucher pour se faire une idée. Jusqu'à ce qu'elle se soit créée en lui, il est sur ses gardes. Souvent il est indifférent, mais cela tient à une irritabilité peu développée, car nous trouvons partout des natures plus ou moins impressionnables.

« Mis en rapport avec l'homme, il tâche de le comprendre ; mais la compréhension lui est pénible, et il ne se montre récalcitrant que si on choque ses instincts naturels. Soit crainte, soit curiosité, soit envie d'être rendu à la liberté, il essaye jusqu'à ce qu'il ait trouvé, il n'est pas entêté, il tâtonne. Sa bonne volonté lui fait moins défaut que la facilité de l'entendement de ce qu'on lui demande. Semblable au sourd-muet qui étudie dans l'ensemble de la personne qui est devant lui l'expression des yeux, des traits, les moindres gestes de la tête ou des bras, pour se rendre un compte fidèle de ce qui lui est demandé, le cheval voit tout, rien ne lui échappe, les effets de maladresse comme les effets logiques; et si le cavalier, surpris de la résistance qu'il rencontre en celui-ci, savait lire dans le travail de ses organes, il verrait souvent qu'il s'y est mal pris pour se faire comprendre, et il serait plus juste et plus patient[1]. »

L'étude du tempérament des chevaux, c'est-à-dire de la constitution propre à chacun d'eux, aidera le cavalier à se rendre compte de leur caractère, lequel se lie en général intimement au physique; en outre elle l'éclairera sur la nature et l'étendue des services qu'il peut leur demander. Il saura, par exemple, que les chevaux sanguins, organisations malheureusement trop rares, ont besoin d'un travail vigoureux, prolongé, dont les effets préviendront la pléthore, qui engourdit les plus belles natures; que les chevaux

1. De Lancosme-Brèves, *Guide de l'ami du cheval*, avril 1855.

lymphatiques réclament une nourriture forti-
fiante et un travail régulier, mais modéré et sans
efforts violents ; enfin, que les chevaux doués
d'une grande irritabilité nerveuse, exigent, pour
devenir très-bons et durer longtemps, tout l'esprit d'observation et les soins assidus d'un véritable homme de cheval. Celui-là seul, discernant
les variations continuelles du tempérament nerveux, arrivera à rétablir l'équilibre dans l'organisation, en s'aidant d'un travail et d'une hygiène
bien entendue. Ces deux agents combinés et pour
ainsi dire *dosés* avec sagacité, s'uniront tantôt
pour calmer le moral, tantôt pour obliger l'estomac ou les entrailles à faire leur devoir. Les chevaux nerveux et irritables, modifiés et jusqu'à
un certain point *reconstitués* par un homme habile, sont quelquefois des animaux hors ligne ;
ou bien, au contraire, ils deviennent rétifs, ou ils
sont constamment malades, et, dans tous les cas,
ils s'usent prématurément.

L'action nerveuse peut produire chez un cheval des résultats excellents lorsqu'au lieu de
consumer un corps affaibli, où elle jette le désordre, où elle est une infirmité, elle s'exerce sur
une machine animale naturellement robuste, ou
fortifiée et rétablie par l'hygiène et les soins.

Alors elle devient une puissance, et une grande puissance. En voici une preuve entre mille : j'ai connu, il y a quelques années, un cheval irlandais ordinairement sage et doux, mais tellement nerveux et susceptible, que la moindre surprise, la moindre contrainte inattendue le désespérait au point de le rendre inabordable et dangereux. Une maladresse du palefrenier, un dérangement dans l'écurie, une bride mal ajustée, un cavalier se présentant avec la cravache en l'air, une couverture glissant sur la croupe, étaient autant de sujets d'émotions vives dont le pauvre Tom ne revenait que lentement. L'histoire de ce cheval est curieuse, et je ne puis résister à l'envie d'en raconter les traits principaux. Il est regrettable qu'on ne puisse pas suivre plus souvent l'existence de certains chevaux de mérite, dans ses phases de bonne et de mauvaise fortune, on y trouverait des données très-utiles au point de vue de l'équitation et de l'hygiène chevaline.

Tom était un cheval hongre, gris pommelé, assez foncé dans son jeune âge, plus tard tout à fait blanc. Sa taille était de cinq pieds un pouce. Une tête forte, sèche et intelligente, l'œil énergique, l'encolure haute et mince, le coup de hache légèrement prononcé, le garrot très-élevé, la poitrine large, les reins droits et courts, les hanches pointues et saillantes du cheval hors ligne, la fesse longue et basse, la queue suivant bien le rein, le jarret et le genou bas et larges, voilà quelles étaient les beautés de Tom. Mais le ventre était levretté, le flanc creux, et la maigreur extrême ; l'animal était en outre haut perché, et il aurait été qualifié de vilain cheval par les trois quarts au moins des *connaisseurs*.

Venu en France pour courir des steeple-chases, il se nourrissait tellement mal qu'il ne fut pas possible de l'utiliser pour ce service ; d'autre part, son extrême susceptibilité lui ôtant encore de la valeur, il fut vendu à vil prix et acheté par mon père pour le manége. Là, un dressage rationnel et patient, la régularité dans le travail et les soins d'un palefrenier doux et adroit le mirent à même de rendre quelques services.

Il prit aussi plus de goût à la nourriture. Bientôt il devint un de nos travailleurs les plus infatigables. Reprises de haute école, promenades au dehors, leçons de trot à l'anglaise, leçons de galop de hack, on pouvait tout lui demander. Mais c'est surtout dans le saut des obstacles que Tom brillait. C'était un sauteur exceptionnel ; je lui dois plus d'une bonne remarque, et je lui dois surtout d'avoir quelquefois respiré l'air qui passe au-dessus d'une barrière de cinq pieds. Or, les chevaux qui sautent cinq pieds sont rares dans tous les pays du monde. Ils n'y arrivent pas toujours, et l'on peut parier contre eux avec quelque chance, surtout quand le terrain et la nature des obstacles qu'ils sautent habituellement sont changés. Ainsi, à la suite d'un pari, Tom, conduit à l'Hippodrome, en face d'une claie (il sautait toujours des barres), dans un manége dont le fond était rempli d'oriflammes, d'armures, de lances et d'objets brillants, non-seulement ne franchit pas cinq pieds, mais se défendit et foula la claie sans aucun égard. Une heure après, dans notre manége, il sauta deux fois de suite la barre à cinq pieds.

Malgré le dressage, l'âge et les soins, il conservait cette irritabilité nerveuse, qui était le fond de son caractère et de sa constitution. Il avait alors onze ans. Je le conduisis à Dieppe avec d'autres chevaux, accouplés à l'anglaise par cinq ou six; c'était au mois de juillet, et la chaleur excessive nous forçait à voyager le soir et le matin. Le soir de la seconde journée, le surfaix de la couverture de Tom avait peu à peu glissé jusqu'aux hanches; se sentant serré à une place inaccoutumée, le cheval détacha une dizaine de bonnes ruades qui éloignèrent de lui ses compagnons de route; les longes et les licous furent bientôt brisés.

Resté seul, Tom, aux prises avec le surfaix retenu par ses hanches anguleuses, crut sa dernière heure arrivée. Les yeux hors de la tête, il part comme un fou à travers la campagne; sans respect pour les épis mûrs, il parcourt les champs avec la rapidité de l'éclair, son grand corps blanc se dessine à l'horizon comme un fantôme; trois hommes le poursuivent en vain. Pendant deux heures, son galop effréné est entremêlé de zigzags et de demi-tours dans toutes les directions. Si la lune dessine par sa clarté une marque blanche sur la terre, il fait un prodigieux écart; dans les champs déjà moissonnés, les gerbes lui paraissent des bêtes féroces postées là pour se précipiter sur lui, et il les évite en exécutant des bonds d'une hauteur féerique. Enfin il revient sur nous au grand trot, en s'ébrouant et en s'élevant à un pied de terre à chaque temps de l'allure. Nous croyons le tenir, mais nos efforts pour l'atteindre redoublent son effroi; il reprend sa course plus furieux que jamais, et il arrive devant une carrière taillée à pic du côté qui lui fait face. L'énergique animal ne s'y laissera pas choir comme un cheval vulgaire, non, il prend son élan et saute dans l'abîme de toute la vigueur de ses jambes d'acier; il y avait de vingt à vingt-cinq pieds de profondeur. Il tombe sur un amas de pierres pointues, et le bruit de sa chute résonne d'une façon lugubre dans le silence de la nuit. Nous descendons par un long détour pour aller ramasser les morceaux de notre cheval. Nous demeurons stupéfaits; il est debout, l'œil hagard. Un immense caparaçon de sang le recouvre; de tous les côtés pendent les lambeaux déchirés de sa peau; ses genoux sont déshonorés et ouverts jusqu'à l'os. Clopin-clopant, nous le ramenons à la ville voisine; cette scène avait commencé à dix heures du soir, et nous arrivions à l'hôtel à trois heures du matin.

Les soins, le temps, et surtout l'énergie de son incroyable nature, finirent par rétablir le pauvre Tom, et il reprit son service. Trois ans après, au bout de huit jours d'entraînement, ledit Tom, âgé de quatorze ans, gagne deux steeple-chases à Rambouillet. Dans le troisième, en partie liée, après avoir perdu la première manche par la faute de son jockey, il gagne le prix, ayant par conséquent couru les trois manches et sauté, dans l'espace de deux heures, trente-trois obstacles. La semaine suivante il reprenait son travail au manége, continuant à porter modestement sur son dos les écoliers, et les y conservant jusqu'à la fin de la leçon.

Il vécut ainsi jusqu'à l'âge de dix-huit ans ; un jour, à l'entrée de l'hiver, le dernier feu qui le soutenait s'éteignit subitement ; on le trouva le matin mort dans sa stalle.

Cet exemple prouve que l'action nerveuse, contenue et dirigée, peut conduire à la force et à la longévité un cheval qu'elle aurait infailliblement détruit et en quelque sorte dévoré en peu d'années, s'il eût été livré à la maladresse ou à la brutalité.

CHAPITRE X

CONSEILS GÉNÉRAUX.

N trouvera, dans le chapitre sur les défenses, les moyens destinés à triompher des résistances que l'effroi ou la malice pourra inspirer au cheval dans les divers services auxquels on l'emploiera dehors. Je ne reviendrai pas sur ce sujet, mais je dirai encore, au risque de me répéter : le bridon est un ami fidèle, et dans la tourmente, c'est la véritable, l'unique planche de salut.

Voici quelques conseils généraux placés sans autre ordre que celui dans lequel ils s'offrent à mon esprit. Au sortir de l'écurie, il est bon de laisser le cheval se dégourdir en toute liberté par une promenade au pas; mais il ne faut pas prolonger cet état d'abandon; si vous avez à fournir une course longue, une route ou une chasse, entamez, dès que le rein est baissé, un vigoureux temps de trot d'un kilomètre au moins, dussiez-vous remettre ensuite votre cheval quelques minutes au pas.

Le matin d'une expédition, avant de se mettre en marche, les Arabes dégourdissent leurs montures par une fantasia; ils exécutent des temps de galop précipités, des pirouettes, des demi-tours, des temps d'arrêt brusques, etc. Sans imiter cette agitation sauvage, qui ne réussirait pas d'ailleurs avec les chevaux dont nous disposons, le cavalier doit, par un travail court, mais énergique, assouplir les muscles du cheval, et les mettre suffisamment en mouvement pour qu'ils soient prêts à supporter les efforts violents, si cela est utile.

Au bout de quelque temps vous vous rendrez compte de la quantité de travail et du degré de vitesse dont votre cheval est susceptible aux différentes allures. Cette étude est essentielle; les chevaux sont un peu ce qu'on les fait; chacun d'eux, si mauvais qu'il soit, est propre à un certain service, dans une mesure donnée; le talent du cavalier est de trouver ce service et cette mesure; en exerçant son cheval d'après ce principe, il le fortifiera, et de médiocre il le rendra bon. Faute de cette appréciation intelligente de l'emploi et des allures à demander à un animal de peu de valeur, on le rendra incertain et bientôt tout à fait détestable.

Ainsi, pourquoi rêver, avec les chevaux à moyens ordinaires, une vitesse chimérique? à quoi bon détraquer leurs allures déjà faibles? En poussant un cheval au trot au delà de ses limites naturelles, vous obtiendrez le galop ou cet abominable *traquenard* qui rend un cavalier ridicule et qui déshonore un cheval. C'est par l'exercice quotidien, régulier et bien compris, que vous développerez les ressorts de la machine animale, et que vous l'amènerez, sans transition apparente, à vous donner sa plus grande somme de vitesse.

Il ne faut pas non plus, par un excès contraire, tenir toujours le cheval en deçà de sa mesure de vitesse. Voulez-vous le faire ou le conserver bon et vigoureux? exigez que la vitesse que vous demandez soit, une fois acquise, maintenue pendant toute la durée de l'allure, et réglez cette durée en conséquence. Cela est vrai pour le pas, le trot ou le galop. On distingue trois vitesses de galop : le petit galop, appelé par les Anglais *canter*, c'est celui que je vous ai indiqué pour le dressage au manége ; le galop de chasse, dans lequel le cheval est peu ramené et poussé vite en avant; enfin le galop de course, dans lequel la plus grande extension possible de l'allure est obtenue par un entraînement spécial. La mobilité de la mâchoire et le ramener de la tête donneront plus d'élégance, d'élévation et de continuité au petit galop; mais les deux autres réclament un point d'appui sur la main, proportionnel à leur vitesse et au degré de chasse des jarrets du cheval.

Comme nous, le cheval subit l'influence des diverses températures. Le travail qu'il a donné gaiement par un temps sec et beau, le fatiguera par un temps pluvieux et mou, ou par une chaleur excessive. Le cavalier qui observera ces différences, qui prendra ces petits soins trop souvent négligés, saura bientôt de quel service prolongé et vigoureux, et de quelle longévité un cheval mené avec discernement est susceptible. Voyez, au contraire, l'étourdi et le maladroit : ils passent sans transition d'une allure vive à une allure forcée; ils renferment dans leurs jambes

le cheval essoufflé, sans lui ménager des temps·
de repos. Après une lutte violente, une surexcitation qui a mis le cheval en nage, une défense
longue qui l'a exténué, voilà nos butors partis à
fond de train jusqu'à l'écurie, où les chevaux
rentrent battant le flanc.

Le cavalier sage, arrivé à la fin de sa course,
met sa monture au pas; si elle est en sueur,
cette promenade la séchera et rétablira l'équilibre de la circulation. Une suée donnée de temps
en temps à un cheval, qui sera séché ensuite par
le couteau de chaleur, les frictions et la couverture, est souvent une bonne chose; mais cette
suée doit être le fruit d'un exercice réglé et longtemps soutenu, et non le produit d'efforts brusques et violents, qui, en quelques minutes, es-
soufflent un cheval outre mesure. Le cheval
mouillé de sueur, mais respirant librement, a
été monté par un cavalier; celui qui est essoufflé, fût-il d'ailleurs parfaitement sec, a porté un
maladroit. Si les chevaux devenus poussifs pou-
vaient raconter leur histoire, ils me donneraient
raison. Peut-être profiteraient-ils de cette occa
sion pour nous conjurer de ne pas faire travailler l'animal qui vient de manger ou de boire,
de lui laisser par pitié une heure pour digérer

son repas, etc.; mais heureusement les chevaux ne parlent pas.

En route, ne faites pas manger votre cheval pendant l'étape, sous prétexte de lui redonner des forces pour gagner son gîte; vous l'exposez à une digestion pénible, qui lui coupe les jambes, et voilà le seul résultat. Il vaut mieux qu'il arrive au but sans avoir rien pris durant le trajet, quand bien même il serait tard. Le repas qu'il fera à l'écurie sera le seul profitable à l'estomac et aux membres.

Voulez-vous préparer d'avance votre cheval à un voyage ou à quelque service pénible et long? Ce n'est pas seulement la veille ou le jour même du départ qu'il faudra augmenter ses rations de nourriture, mais plusieurs jours à l'avance. Les aliments seuls ne suffiront pas à le mettre en force; le travail est indispensable à ce genre d'*entraînement*. Après un long repos, l'animal ne vous donnerait qu'une bien faible opinion de ses moyens, et les efforts que vous demanderiez useraient bientôt son courage. Il est très-mauvais de laisser un cheval plusieurs jours de suite à l'écurie et sans travail; le trop-plein de vigueur qu'il dépense à sa première sortie rend ses allures irrégulières, et le fatigue plus qu'un excrcice quotidien bien soutenu. En outre, le surcroît de gaieté engendre quelquefois la défense.

Je me suis servi avec intention de mot *entraî-nement*, car

« L'entraînement est l'art de préparer le cheval à des travaux extraordinaires, tout à fait exceptionnels comme rapidité et comme durée. C'est la pratique raisonnée de mettre les chevaux en condition convenable pour des besoins spéciaux, en état de supporter des fatigues sous lesquelles ils succomberaient ou dont ils seraient absolument incapables s'ils n'y avaient pas été préparés par la discipline et les moyens du *training*.

« La pratique du *training* n'est pas exclusive à la préparation aux courses ; elle s'étend à l'aptitude que réclament les divers services pénibles et soutenus auxquels peut être appliqué le cheval [1]. »

Dans une course longue, intercalez toujours du pas entre chaque allure vive. Tel cheval est bon trotteur, et souvent à cause de cela galope difficilement. Si la promenade doit durer long-

---

1. *Guide du sportsman*, ou *Traité de l'entraînement*, par Eugène Gayot, ancien directeur de l'administration des haras.

temps, ne le galopez pas; les efforts qu'il ferait à cette allure l'échaufferaient et l'essouffleraient. Pour celui-là, la variété des allures, au lieu d'être un soulagement, deviendrait une fatigue.

Avez-vous besoin de quitter votre cheval? ne l'attachez pas avec les rênes; *il tirerait au renard*. Outre les accidents qui peuvent en résulter, l'animal prendra l'habitude de chercher à briser tout lien qui le retiendra.

Choisissez, autant que possible, l'écurie dans laquelle vous le logerez, quand même il devrait n'y séjourner que peu de temps.

Les chevaux ardents, qui s'animent outre mesure quand ils sont en compagnie, devront être menés alternativement seuls et avec un autre cheval. Si on se sert avec eux des jambes, de la cravache et de la main avec tant soit peu d'impatience, on ne les calmera jamais.

Il est des usages que la politesse devrait toujours consacrer pour les promenades en compagnie. Si vous avez un cheval vite, sachez attendre vos voisins moins bien montés que vous; vous ferez preuve de bon goût. — Dans les changements d'allure, agissez sans brusquerie, et consultez vos compagnons de promenade pour savoir s'il leur est agréable de passer au pas ou au trot.

— Ne demandez jamais à monter un cheval qui n'est pas à vendre; attendez qu'on vous le propose. Ne mettez pas en pratique ce proverbe trop vrai : *Avec des éperons à soi et le cheval d'un ami, on va où on veut.* — Si vous voyez devant vous une dame à cheval, ne la dépassez pas aux allures vives. — Si vous rencontrez un cavalier dans l'embarras, aidez-le de vos mains si c'est indispensable à sa sûreté; mais ne l'aidez pas de vos conseils. — Souvenez-vous que le trot à l'anglaise est le seul admis à la promenade, et que le galop allongé est d'un affreux mauvais goût dans les endroits fréquentés.

Quand un homme mène deux chevaux devant vous, ne le dépassez jamais du côté du cheval de main.

Enfin, fuyez comme la peste les cavaliers qui ignorent les usages reçus dans le monde équestre, lequel a aussi son demi-monde. Ils vous occasionneraient des ennuis tels, que vous deviendriez misanthrope ou hippophage.

CHAPITRE XI

SAUT DES OBSTACLES.

Nous avons à nous occuper maintenant d'une partie très-intéressante de l'équitation, celle qui a trait au saut des barrières, haies, rivières et fossés. Sans doute, tous les chevaux n'ont pas les moyens requis pour bien sauter, mais un dressage spécial et un entraînement gradué peuvent les mettre tous en état de franchir des hauteurs ou des largeurs moyennes.

Avant de chercher à dresser un cheval qui n'a jamais sauté, il faut s'être exercé soi-même très-souvent sur de vieux sauteurs.

Il y a deux conditions indispensables au cavalier qui veut bien sauter : d'abord être assez assuré sur la selle, non-seulement pour ne pas rompre ou détruire l'effort du cheval, mais encore pour pouvoir, par différents changements de position du corps, l'aider et le soulager; ensuite disposer assez prestement les rênes dans ses mains pour conserver l'animal dans la direction de l'obstacle, et avoir vite raison de son incertitude, s'il y a lieu.

Pour sauter, il faut toujours se servir des rênes de bridon en les tenant séparément, une dans chaque main; employez le moins souvent possible celles de la bride, et surtout disposez-les dans la main de manière qu'elles n'agissent pas à votre insu ou malgré vous. C'est ici surtout qu'il vaut mieux avoir une paire de rênes pour deux mains, que deux paires de rênes pour une seule.

Ne craignez pas à l'avance d'être déplacé par le saut; laissez-vous porter en arrivant sur l'obstacle, et suivez le mouvement au lieu de chercher à combattre les réactions.

Il est peu de défenses qui ne demandent plus de tenue que le saut en général. Portez l'étrier un peu plus court que de coutume; fixez les genoux sans force. Que les reins soient souples, soit pour permettre au corps de se porter un peu en avant dans le cas où le cheval, s'enlevant trop du devant, aura besoin pour sauter d'un très-grand effort de l'arrière-main, que votre poids gênerait, soit pour que vous puissiez vous placer en arrière, vous soutenir et ne pas surcharger les épaules de l'animal quand il arrivera à terre.

La plupart des chevaux ne se portent pas de prime abord franchement sur un obstacle, soit par défiance de leurs moyens, soit par la crainte des effets de main du cavalier, soit enfin parce qu'ils ne se rendent pas bien compte des dimensions de l'objet à franchir. La main de l'homme, par son action brusque, vient si souvent paralyser l'élan de l'animal, qu'il demeure longtemps dégoûté d'un exercice pour lequel il n'aurait pas eu de répugnance.

Les défenses devant les obstacles varient selon la nature, la vigueur ou les habitudes du cheval. L'écart, les temps d'arrêt brusques, le demi-tour, le reculer, la pointe, peuvent être successivement employés, et on les combattra par les moyens qui ont été indiqués.

Mettez d'abord le cheval en confiance, laissez-le une fois seulement examiner au pas la nature de l'obstacle ; ne le menez pas trop vite, il se servira souvent du surcroît d'impulsion que vous lui aurez communiqué pour se dérober plus vite et vous emmener plus loin. Ralentissez-le plutôt; au besoin, mettez-le au pas ou au petit trot; balancez-le adroitement (s'il hésite) de droite à gauche, et *vice versa*, par les rênes du bridon, afin de mobiliser continuellement son encolure et sa tête, et de les empêcher en quelque sorte de prendre un parti. Lorsqu'il est à portée de sauter, déterminez-le par le temps de langue, le coup de mollet ou l'agitation de la cravache en l'air. Ne le frappez pas, si ce n'est pour avoir raison d'une mollesse évidente. Présentez à ceux qui se défendent des obstacles très-bas, ou plutôt des apparences d'obstacles, une perche, par exemple, posée à terre, à la droite ou à la gauche de laquelle ils ne puissent passer. Vous irez ainsi très-vite en besogne. Le cheval verra que le parti le plus sage est de se résigner et d'obéir; que votre main ne gêne pas sa bonne volonté, et que dès qu'il a obéi vous suspendez toute exigence; en peu de temps il sautera sans hésitation.

Il ne faut pas croire qu'on enlève avec la main un cheval pour le faire sauter, après l'avoir actionné avec les jambes. Les cavaliers très-habiles peuvent quelquefois placer la tête de l'animal, et disposer son arrière-main de manière à lui faire exécuter un saut merveilleux pour lui ; mais ceux qui cherchent ces effets de tact indescriptibles, ne réussiront pas. Dans le soutien de la main pour le saut, il y a un effet aussi délicat que pour le départ au galop. Ainsi, enlève-t-on le cheval avec la main pour le déterminer au galop? Non. La main a donné la position nécessaire au mouvement, puis elle a rendu, et enfin au moment du départ elle marque une opposition très-légère qui a pour but de conserver la position demandée. Si cette opposition est trop forte, le galop n'est pas possible. De même, dans le saut, le soutien convenable de la main aidée par les jambes amène l'arrière-main du cheval sous lui ; le trop grand soutien amène le tout dans le fossé ou sur les épines de la haie.

Voici donc comment vous vous servirez de la main pendant le saut. Si, deux mètres au moins avant l'obstacle, vous ne sentez pas le cheval se porter sur la main et disposer ses muscles à faire un effort, attaquez-le vigoureusement et rendez la main. Vous rendrez bien si, vos rênes étant distendues d'un pouce environ et ne flottant pas, cette distension demeure la même pendant toute la durée du saut ; car alors l'encolure et la tête du cheval, en s'abaissant quand il retombe à terre, replaceront elles-mêmes les rênes au soutien convenable, si les mains n'ont pas bougé. Quand vous arrivez à l'obstacle, vous avez une rêne dans chaque main, les mains un peu écartées; quand le cheval s'enlève, vous les rapprochez, les laissant moelleusement tomber près du garrot, afin qu'il puisse s'allonger à l'aise; enfin, pendant qu'il descend, vous étendez les bras, et par ce dernier mouvement vous devez le rencontrer juste en main, lors du poser des membres antérieurs à terre.

Quand un cheval s'arrête tellement près de l'obstacle qu'il n'y a plus d'élan possible, gardez-vous de persister à le pousser en avant, et de le forcer ainsi à manquer son saut; reprenez du champ et revenez d'un peu loin sur l'objet à franchir.

Évitez pendant très-longtemps les obstacles difficiles, et surtout les objets fixes qui ne plient ni ne rompent. Quand votre cheval sautera bien trois pieds, faites-le revenir souvent au saut de deux pieds. Quelques sauts suffisent dans une leçon; il n'est rien dont le cheval se dégoûte plus facilement.

Quand vous dressez un sauteur, si le premier

saut est très-beau, comparativement à ceux de la leçon précédente, tenez-vous-en là pour cette fois. Après une lutte violente, le cheval vient de franchir l'obstacle; il est encore essoufflé ou ému; laissez-lui le temps de reprendre haleine pour sauter de nouveau. Ne demandez pas ce travail à un cheval plusieurs jours de suite. N'y soumettez jamais l'animal qui ne serait pas *parfaitement* en santé.

Les chevaux, selon leurs moyens, sautent de diverses manières : ceux-ci glissent au-dessus de l'objet, le rasant du plus près possible; ils sautent ce qu'il y a, quelque minime que soit la hauteur; on dirait que leur saut est une foulée de galop plus étendue que les précédentes. Ce sont les meilleurs sauteurs. Il ne faut pas les presser, mais les laisser complétement livrés à eux-mêmes.

D'autres exécutent le saut de bas en haut, et pour ainsi dire des quatre pieds; ils risquent de retomber trop près; ils paraissent plus élégants, mais on doit pourtant leur faire modifier cette élévation exagérée. On les mènera un peu vite sur l'obstacle, en les poussant par de vigoureuses pressions de jambes, et en leur laissant presque baisser la tête.

Enfin les mauvais sauteurs franchissent en deux fois : d'abord l'avant-main seul passe, et l'arrière-main n'arrive que longtemps après. Menez ces chevaux-là sur de petits obstacles, mais menez-les franchement, jusqu'à ce qu'ils les aient franchis d'un seul bond.

Dans les sauts de largeur, il faut s'asseoir très en arrière, et quelquefois mener assez vite les chevaux qui ont de la tendance à dépenser en élévation la force nécessaire à l'étendue du saut.

Ces conseils ne vous seront profitables que si vous exercez beaucoup et avec suite vous et vos chevaux à sauter. La pratique seule donnera le tact si difficile à acquérir dans un mouvement dont la rapidité exige des effets d'à-propos presque insaisissables.

Tout cavalier qui se pique de hardiesse et de solidité, tout homme qui brigue la dénomination de sportsman, doit savoir sauter.

CHAPITRE XII

'ÉQUITATION des dames est une question
de santé ou de plaisir; elle ne doit ja-
mais présenter un danger sérieux à l'a
mazone, qui, malgré l'origine belliqueuse de ce
nom, n'est pas obligée, de nos jours, à faire preuve
de force physique, d'audace et de témérité. On
voit, il est vrai, en Angleterre, des dames suivre
les chasses au renard, et s'exposer aux mêmes pé-
rils que les hommes; mais les mœurs françaises
condamnent absolument cette usurpation du rôle
masculin, et n'admettent pas qu'un mari expose
sa femme à rouler à terre avec son cheval, comme
un jockey de steeple-chase; ce fait n'est pas rare,

dit-on, chez nos voisins, mais j'avoue qu'il n'excite en moi aucun enthousiasme. A mon avis les chutes de cheval que font les dames accusent presque toujours l'ignorance ou la maladresse du cavalier qui les accompagne. Ce sont des faits d'autant plus regrettables, qu'ils détournent une foule de jeunes filles et de jeunes femmes de l'équitation, qui leur serait pourtant non-seulement agréable, mais salutaire. Elle préviendrait, en effet, ces fréquents malaises, résultat du manque à peu près absolu d'exercices fortifiants. Les muscles du corps s'y développent, les poumons respirent l'air vif si nécessaire à la santé, en même temps que l'esprit est occupé et intéressé. Je puis affirmer et prouver surabondamment par des exemples que, sous une direction sage et intelligente, la femme la plus délicate peut être amenée à supporter parfaitement l'exercice du cheval.

Il faut, bien entendu, exclure pour les dames, les allures dures ou violentes des chevaux rudes dans leurs mouvements, et surtout le trot à la française, dont les nombreux inconvénients ont fait porter par les mères et les médecins tant de jugements injustes sur l'équitation. Ce trot, conservé avec raison pour les hommes dans les écoles d'équitation, a pour objet d'apprendre au jeune cavalier à suivre adroitement toutes les réactions du cheval pour ne pas être déplacé ; c'est un moyen d'exercer progressivement et constamment son équilibre sur la selle. Mais l'emploi de la selle à trois fourches [1], en donnant immédiatement à la femme une solidité que le cavalier le mieux doué n'acquiert qu'après un certain nombre de leçons, la dispense du trot à la française.

1. Je suis heureux de pouvoir citer, à propos de la selle à trois fourches, les lignes suivantes, empruntées à un article de M. Léon Gatayes, rendant compte de l'exposition universelle de 1855. Après avoir parlé des anciens harnachements, M. Léon Gatayes ajoute : « .... Il est vrai que les sages palefrois, les tranquilles haquenées à douces allures d'amble du bon vieux temps ne bondissaient pas comme les fiers coursiers de nos amazones modernes ; mais maintenant celles-ci peuvent résister aux bonds les plus violents, non plus par la seule souplesse et les flexions des reins, comme cela se pratiquait il y a vingt-cinq ans avec la selle à deux fourches, et pour de légères réactions seulement, mais par les points de contact et les pressions sur la troisième fourche qui a été ajoutée depuis. Et il faut remarquer que, même sans l'emploi de la force, sans pression aucune, cette troisième fourche consolide déjà naturellement la tenue, en maintenant avec solidité la jambe gauche, toujours arrêtée dans ses moindres déplacements.

« Inventée en 1828 par un habile écuyer (l'éminent professeur qui a donné son nom au célèbre manége Pellier) la selle à trois fourches est devenue d'un usage général, non-seulement en France, en Angleterre, mais dans le monde entier ; on n'en voit pas d'autres, et il y en a de tous les pays à l'exposition. » (Le *Siècle*, numéro du 10 novembre 1855.)

Dans les romans, on voit les amazones s'élancer sans aucun secours sur des coursiers fougueux, etc., etc. Dans la vie réelle, les dames ont besoin d'être aidées à se mettre en selle.

Les montoirs fixes établis *ad hoc*, ou la chaise, sont des moyens qui peuvent devenir dangereux avec les chevaux impatients ou prompts à s'effrayer.

Voici la méthode la plus simple : La dame pose la main droite, dans laquelle elle garde la cravache la pointe en bas, sur la seconde fourche, où elle prend un premier point d'appui ; sa main gauche, qu'elle pose sur l'épaule droite du cavalier placé devant elle et à la hauteur de l'épaule du cheval, est un second point d'appui ; le pied gauche sur les mains réunies du cavalier, lui offre le troisième point d'appui. Au moment où, tendant le jarret, elle s'enlève avec le secours de ce marchepied naturel, le cavalier l'aide à s'asseoir sur sa selle, en levant les mains et en les rapprochant en même temps du corps du cheval. Elle passe alors la jambe droite entre la première et la seconde fourche, et la jambe gauche sous la troisième fourche. Le pied doit être placé dans l'étrier bien à plat, et de manière que la jambe gauche se trouve à deux doigts au-dessous de la troisième fourche. L'étrier sera bien ajusté, si la dame, s'enlevant dessus toute droite, n'est pas gênée dans ce mouvement par la fourche. Le meilleur étrier, est l'étrier d'homme, garni d'un bourrelet de cuir.

On a inventé dernièrement, en Angleterre, **un** étrier tout à la fois ingénieux et élégant; il est composé de deux planchettes qui, lorsque l'étrier bascule complétement, se séparent. L'une se détache avec le pied, l'autre reste fixée à l'étrivière. Cet instrument se conserve facilement à toutes les allures à cause de son poids, et le mécanisme peut éviter aux dames de rester accrochées à la selle en cas de chute.

Au début, l'étrier sera ajusté très-court; plus tard il doit être allongé, car, relativement long, il contribue à donner une position plus aisée, plus libre, moins fatigante; mais l'amazone n'obtiendra ce résultat qu'après avoir acquis **beaucoup** de confiance et une certaine solidité.

La dame, une fois à cheval, se placera bien d'aplomb sur sa selle, organisera les plis de sa jupe, prendra les rênes et fera ajuster l'étrier. Ici se placent deux questions importantes : 1º Prendre une position solide et peu fatigante, parce qu'elle sera naturelle; 2º Conduire sa monture à toutes les allures avec une précision qui mette amazone et cheval à l'abri du danger ou même du ridicule.

Quelques dames ayant le goût de l'équitation et arrivées à très-bien monter à cheval, affectent trop souvent d'imiter les attitudes des hommes. Il nous semble que la femme, à cheval comme partout, doit conserver la grâce et la délicate élégance inhérentes à son sexe. D'ailleurs, pour conduire un cheval convenablement mis, la force est rarement utile ; la main d'une femme est toujours assez énergique pour obtenir une entière soumission, sans qu'il soit nécessaire d'avoir recours à des contorsions de corps qui sont la spécialité des dresseurs de chevaux notoirement rétifs.

Une femme du monde, à cheval, n'a pas le droit de risquer des aspects disgracieux ou excentriques, sous le vain prétexte d'exécuter des tours de force ; elle peut même être timide, si telle est sa nature, et rechercher les animaux calmes, les allures douces et élastiques ; mais la bonne tenue est toujours pour elle un cachet indispensable de la parfaite éducation. L'équitation des dames ne peut être perfectionnée que par l'exclusion de toute vulgarité dans les attitudes et même dans les moyens d'action ou aides à employer, et seuls, les gens bien élevés peuvent comprendre ou découvrir les mille détails de convenance que réclame ce genre de sport. Grandement en honneur au dernier siècle, l'art de l'équitation était rehaussé par la façon dont on le pratiquait, et nul, s'il n'était gentilhomme, n'avait le titre d'écuyer.

Le manége, appelé académie, était un lieu où l'on pratiquait rigoureusement l'observation des lois de politesse et d'élégance qui caractérisaient essentiellement la société française de cette époque ; aussi la brutalité, la colère, les positions grotesques étaient bannies scrupuleusement de l'école. Maintenant que les écoles royales, ces pépinières de bons professeurs, n'existent plus, les traditions hippiques de bonne compagnie tendent tous les jours à disparaître, et pourtant, aujourd'hui où les dames montent beaucoup à cheval, il serait à souhaiter que nous fussions rappelés à « l'excellence des formes », qualité si remarquable chez nos devanciers.

Les dames qui n'ont pas l'habitude de l'équitation ne s'occupent pas toujours assez de l'arrangement de leur toilette de cheval. Ainsi la première leçon se passe souvent à rajuster la coiffure et les cheveux ; pendant ce temps, l'élève oublie son cheval, lâche ses rênes, place sa cravache en l'air, à la hauteur de l'œil de sa monture qui, effrayée, se sauve au galop. La coiffure doit être solidement ajustée, les cheveux nattés et placés sous le chapeau, et non dedans. Le chapeau d'homme est le seul convenable; toutes les coiffures empanachées ou enrubannées sont réprouvées par le bon goût.

La jupe remonte souvent, et fait à droite des plis disgracieux qui rendent l'assiette incommode. En général, la jupe se déplace parce que l'amazone fait de grands efforts soit pour se soulever au trot enlevé, soit pour se maintenir en selle. Pour obvier à cet inconvénient, il faut placer la jupe d'aplomb et sans plis de travers avant de se mettre en mouvement, avoir cette jupe bien montée et d'une étoffe plus lourde que celle du corsage, ajouter à l'intérieur une sorte de dessous de pied en caoutchouc dans lequel on engage le pied avant de chausser l'étrier.

On porte maintenant les jupes relativement courtes et dépassant de quelques centimètres seulement les pieds de la personne lorsqu'elle est à cheval; elles sont plus longues devant que derrière, et ainsi taillées elles tombent carrément sans former une queue qui voltige au vent et ramasse la boue.

Quant à l'étrier, le pied doit le chausser entièrement, y être posé à plat et pas en travers ; il faut beaucoup de pratique pour conserver la jambe et le pied de l'étrier bien placés. Si cette jambe reste fixe, elle tombera perpendiculairement au sol, et on pourra prendre un bon point d'appui pour s'enlever au trot ; mais si elle est mobile, elle viendra frapper le cheval à chaque foulée du trot, et le point d'appui sera incertain ; de là, impossibilité de prendre et de garder la mesure. Beaucoup de dames ont l'habitude de porter l'étrier trop court et de serrer la jambe gauche sous la troisième fourche ; cette position place l'amazone de travers, le talon se serre contre le ventre du cheval qui s'actionne hors de propos, et finit par se traverser, par ruer ou croupionner ; on est quelquefois longtemps avant de découvrir la cause de son inquiétude ou de ses défenses.

Si la dame que vous avez à mettre à cheval est bien faite et élancée, il sera facile de la placer droite et carrément sur sa selle. Dans le cas contraire, laissez-la d'abord chercher au pas la position qui lui paraîtra la plus aisée et la plus naturelle, tout en l'aidant de vos avis. Presque toutes les dames sont portées à se placer de travers et à se tourner comme dans une selle à la fermière, en avançant l'épaule droite et en regardant à gauche. Ce défaut nuit non-seulement à la grâce, mais à la solidité : en effet, le genou droit, en se plaçant moelleusement sur la seconde fourche, empêche le corps de glisser à gauche et en arrière; la jambe gauche, placée sous la troisième fourche destinée non pas à la serrer, mais à la maintenir pendant les mouvements brusques du cheval, empêche l'amazone d'être enlevée ou de glisser à droite; mais si les épaules demeurent mal placées, la droite avancée, la gauche reculée, il arrivera forcément que la jambe gauche, s'éloignant de la selle, ne pourra profiter des avantages de la troisième fourche.

Plus une dame sera assise en arrière sur la selle, plus elle aura de chances d'être en face de son cheval, et d'avoir les épaules sur la même ligne. Le corps sera souple et suivra, sans paraître disloqué, les divers mouvements résultant des allures; aux allures lentes, le buste sera droit sans roideur, et les épaules également tombantes; aux allures vives, il pourra s'incliner légèrement en avant. Au galop, on évitera de laisser la taille se renverser en arrière, comme il arrive dans les commencements, alors qu'on n'ose pas lutter contre les secousses de l'allure.

En résumé, la position sera excellente, si dans les temps d'arrêt le corps se porte légèrement en arrière ; si dans les tournants on recule l'épaule qui se trouve dans l'intérieur du cercle à parcourir ; enfin, si, en toute circonstance, la dame occupe parfaitement le siége de sa selle.

A propos de la position des dames à cheval, je retrouve, dans un article de M. Léon Gatayes, des détails curieux sur l'origine de la selle actuelle. Après avoir raconté l'accident arrivé à une paysanne assise sur une selle à planchette, l'auteur ajoute :

« L'usage de cette planchette date de loin, car « l'historien Varillas dit, en parlant de Catherine « de Médicis : Le beau tour de ses jambes lui « faisait prendre plaisir à porter des bas de soie « bien tirés, desquels l'usage s'était introduit de « son temps, et ce fut pour les montrer qu'elle « inventa la mode de mettre une jambe sur le « pommeau de la selle en allant sur des haque- « nées, au lieu d'aller, comme on disait alors, à « la planchette.

« *Aller à la planchette*, c'était déjà avoir les

« pieds posés sur la petite planchette que l'on
« voit encore aux selles des fermières, au bât des
« laitières, des marchandes de légumes et au-
« tres, qui portent sur des bidets ou des ânes
« leur marchandise à la ville, etc.... D'autre
« part, Brantôme, en parlant du riche butin que
« fit « M. de Salvoison » au château de Verseil,
« dont le propriétaire était un duc de Savoie,
« rapporte que : « Il prit une *planchette d'or* qui
« était à la haquenée de la duchesse, quand elle
« chevauchait dessus. »

« En copiant les lignes de Varillas que je viens
« de citer, j'ai surtout voulu constater un fait
« qui intéresse l'histoire de la sellerie française,
« à savoir : que la selle actuelle des amazones de
« tous les pays (selle dite anglaise) est due à
« l'association toute française de Catherine de
« Médicis et de mon savant maître, mon vieil
« ami Pellier.

« Catherine de Médicis a eu l'idée d'une posi-
« tion d'où devait plus tard surgir la selle de
« femme. Mais sur cette selle, dont les deux
« fourches empêchaient seulement le genou de
« glisser à droite ou à gauche, la femme n'était
« jamais qu'assise, elle ne tenait que par le
« liant, la souplesse et les opportunes flexions de

« reins (excellents moyens de tenue au reste,
« non pas seulement pour la femme, mais aussi
« — mais surtout — pour l'homme). Elle ne tenait
« que par l'assiette enfin, et n'avait aucun point
« de contact correspondant à l'adhérence du ca-
« valier par la pression des genoux. »

Dans le commencement, simplifiez le plus possible les moyens de diriger le cheval ; placez dans
la main gauche de l'amazone les rênes de la
bride, pour lui apprendre à mener l'animal avec
une seule main.

Plus tard, vous l'exercerez à ouvrir la rêne
droite pour tourner à droite, sans lâcher les
deux rênes tenues dans la main gauche ; puis, à
ouvrir la rêne gauche avec la main gauche, après
avoir changé les deux rênes de main. Cette pratique est utile pour vaincre les résistances latérales d'encolure que l'on rencontre parfois chez
les chevaux les plus sages, lorsqu'il s'agit de
tourner.

La main qui tient les rênes sera constamment en rapport avec la tête du cheval, afin d'en apprécier le degré de pesanteur ; la tête et l'encolure constituant le gouvernail de cette machine vivante ont une influence capitale sur sa vitesse et sa direction. Pour bien répondre à sa mission, ce gouvernail, engagé logiquement dans le sens de la progression, sera maintenu droit sur la ligne droite, et arrondi sur la ligne courbe en raison de l'arc de cercle à parcourir. Il faut donc, on ne saurait trop le répéter, qu'une dame, quel que soit le degré de sensibilité de la bouche de son cheval, le conduise avec les rênes tendues, afin de conserver toujours un certain appui sur les barres. Cet appui, assez léger au pas, sera plus soutenu au trot et très-léger au petit galop.

En général, les dames acquièrent promptement une position souple, élégante et correcte ; mais il leur faut une grande application et un travail suivi pour obtenir la justesse et la précision nécessaires à la bonne direction de leurs chevaux. Or, là est le but définitif de toute équitation ; aujourd'hui les femmes n'ont plus, comme les châtelaines du moyen âge, un page ou un écuyer qui tient les rênes ; elles sont absolument responsables de toutes les éventualités.

« Il y a un siècle à peine, en 1760 et je ne sais plus combien d'années, c'est en portant en trousse la reine Charlotte de Mecklembourg-Strélitz, sa femme, que Georges III fit son entrée à Londres.

« Il y avait pourtant un temps infini déjà que le comte d'Arandel avait introduit le premier carrosse en Angleterre. Mais les femmes persistant à *chevaucher* pour toutes leurs courses ou promenades, les reines en conservèrent tellement l'habitude, que pour aller à l'église, elles se faisaient porter en trousse par leur propre écuyer.

« Au reste, plus de deux cents ans avant cette époque, voici ce qui prouve combien jadis l'habitude était générale : un président de Paris, Christophe de Thou, père de l'historien, est le premier « particulier » qui ait osé se donner le luxe d'un carrosse; encore n'était-ce pas pour lui, mais pour une affreuse goutte dont il souffrait horriblement.

« Sans être ni roi ni prince, le président roulait donc carrosse, ce qui n'empêcha pas sa femme de toujours chevaucher comme devant, « *en croupe* « *derrière un varlet*[1]. »

---

1. Léon Catayes.

Tout cela a bien changé, comme on voit.

La tenue des bras et des mains est très-importante ; par suite de leur posture les dames ont les mains placées haut ; il leur faut pour conduire gracieusement leurs chevaux s'étudier à manier les rênes avec les bras près du corps, mais non serrés, et avec les mains rapprochées de la ceinture. Elles s'habitueront à bien fermer les doigts pour ne pas laisser glisser les rênes, car le brusque ajustement des rênes trop lâches, surtout aux allures vives, provoque dans la bouche du cheval des à-coups qui le forcent de déplacer la tête et détruisent l'harmonie de ses mouvements. C'est avec une grande discrétion et une parfaite *tranquillité* de main qu'on s'emparera de la tête et de l'encolure.

On comprend que les rênes doivent être disposées avec beaucoup d'ordre quelle que soit la méthode adoptée : soit qu'elles se trouvent réunies dans une main, soit qu'on les tienne séparées dans les deux mains.

Les Anglais ont adopté un arrangement à peu près unique des rênes dans les mains, et grâce à cet usage assez imparfait d'ailleurs, on est assuré de rencontrer chez nos voisins, des animaux que l'on peut conduire sûrement en leur *parlant*, pour ainsi dire, un langage à l'usage de tous. Voici cette méthode ou plutôt cette coutume : on place les quatre rênes séparées entre chaque doigt de la main gauche, et on se sert du pouce pour les réunir et les empêcher de glisser. Les rênes de la bride se trouvent, la gauche sous le petit doigt, la droite entre l'annulaire et le médius. — Les rênes du bridon se trouvent, la gauche entre le petit doigt et l'annulaire, la droite entre le médius et l'index. Dans cette position, les cavaliers médiocres et les dames qui ne veulent pas se donner la peine de chercher les finesses exigées pour l'emploi du mors, raccourcissent le plus possible les rênes du bridon, et tiennent les rênes de bride très-longues. A la faveur de ce point d'appui sur le bridon, la tête en l'air, l'encolure tendue et souvent de travers, tous les chevaux marchent droit devant eux bien ou mal; en tout cas, ils n'ont pas à redouter les exigences maladroites d'une main ignorante et prétentieuse.

En France nous avons le grand tort de ne pas adopter aussi une disposition de rênes unique, et qui soit d'une pratique facile; autant d'amateurs autant de coutumes différentes. Ce manque d'uniformité dans les moyens employés dérange l'entendement de beaucoup de chevaux et empêche de parfaire l'éducation de certains autres. Les dames doivent, nous l'avons dit, monter des chevaux régulièrement dressés; pour les bien conduire et rester en rapport constant avec leur bouche, elles disposeront leurs rênes de la manière suivante : les rênes de la bride dans la main gauche, les doigts fermés, le petit doigt passé entre les deux rênes pour les séparer et pour bien sentir la rêne gauche, le pouce allongé sur ces rênes ; celles de bridon entreront dans la main du côté du pouce, pour en sortir du côté du petit doigt. La main sera placée au-dessus du genou droit, en face de la ceinture, le poignet arrondi, les ongles regardant le corps.

Pour tirer les rênes, c'est-à-dire pour faire une opposition de main, il faut fermer les doigts et rapprocher du corps le talon de la main gauche, ce qui mettra les ongles en dessus; pour détendre les rênes, c'est-à-dire pour rendre la main, faire le mouvement contraire, éloigner le petit doigt du corps, ce qui mettra les ongles en dessous.

A la hauteur et un peu en avant de la main gauche, la droite sera posée légèrement sur la rêne droite de la bride, se tenant prête à agir selon les circonstances; elle aidera, par exemple, la main gauche à régler la vitesse d'un animal ardent : elle pourra aussi tenir le bridon seul les rênes croisées de façon à former une boucle. Cette manière de tenir le bridon donne une grande force pour soutenir ou relever la tête des chevaux disposés à trop baisser l'encolure. Il ne faut pas se condamner à conserver les rênes dans une position immuable; on doit s'exercer à les passer sans confusion d'une main dans l'autre.

Si, après un temps de trot ou de galop, la jupe a glissé sur la selle, et tend à passer à droite en découvrant les pieds, l'amazone devra, pour la remettre en ordre, prendre toutes les rênes dans la main droite, s'enlever sur l'étrier et tirer la jupe avec la main gauche. Pour les rênes, lorsqu'elles sont détendues ou inégales, on prend d'abord le bout des rênes de bride avec la main droite, et on laisse glisser la main gauche doucement et sans secousse jusqu'au point où l'on sent la bouche du cheval des deux côtés. Même travail pour les rênes de bridon : soit qu'on les garde dans la main gauche, soit qu'on les tienne dans la main droite, on s'aidera de la main opposée pour les raccourcir et les ajuster.

Dans les premières leçons, on engage l'amazone à laisser tomber le bras droit pour l'obliger à reculer l'épaule droite ; mais il faudra le plus tôt possible lui conseiller de placer la main droite à côté de la gauche ; cette position beaucoup plus gracieuse lui permettra, comme on l'a vu plus haut, de se servir des deux mains pour manier les rênes.

La cravache sera tenue dans la main droite, pas trop près de la pomme, la pointe presque toujours vers la terre. La tenue de la cravache placée en travers comme une épée, la mèche en l'air, me semble donner aux dames une attitude trop masculine ; de plus, ainsi portée, elle ne peut être utile que pour porter en avant et corriger un cheval disposé à ruer — le cas est rare chez les chevaux destinés aux dames. — On emploiera habilement la cravache en s'en servant pour actionner l'animal et pour ranger sa croupe de droite à gauche, en conservant la main droite près de la gauche. La main seule fera vibrer la cravache, sans mouvement de l'avant-bras.

Dès le début vous enseignerez à l'amazone à trotter à l'anglaise, en lui expliquant qu'elle doit suivre la mesure que présente le trot du cheval. Vous choisirez à cet effet un animal froid, doux et trottant très-régulièrement. Pour s'enlever, la dame avancera l'épaule gauche afin d'augmenter le point d'appui sur l'étrier; le pli du genou droit n'est qu'un faible auxiliaire. Elle n'attendra pas pour s'enlever, la réaction produite par le trot, elle la préviendra pour se trouver soulevée pendant que cette réaction a lieu. Elle conservera autant que possible la jambe et le pied tranquilles sans les balancer d'avant en arrière à chaque temps, ce qui lui ferait perdre la mesure du trot.

Le cheval sera mis à un train un peu allongé et se portera franchement sur la main qui devra rester soutenue pour ne pas compromettre la régularité de l'allure. Ce trot enlevé exigera peut-être de grands efforts pendant quelques leçons, mais il ne faut pas se décourager; ces efforts trouvent bientôt leur récompense dans une locomotion des plus agréables. Ne pas s'exercer trop longtemps de suite; quelques dizaines de foulées à la fois suffisent ; répéter souvent ce travail et le mouvement sera promptement saisi ; pour éviter qu'il ne reste lourd et disgracieux, on aura soin, en s'enlevant, d'incliner légèrement le haut du corps en avant.

Toutes les dames doivent savoir trotter. Je ne discuterai pas ici la question de savoir si l'amazone est plus gracieuse au trot qu'au galop, ou si elle l'est moins ; disons simplement que le trot enlevé est une allure salutaire au point de vue gymnastique ; que soutenu longtemps, il fatigue moins l'animal que le galop, et lui permet des courses plus longues, et que, bien cadencé, il possède un rhythme harmonieux, en quelque sorte entraînant. Enfin, s'il est facile de trouver des chevaux ayant un trot régulier et sûr, il n'en est pas de même pour le galop. Cette allure qui doit être enlevée, souple, élégante, n'appartient généralement qu'à des animaux de choix, très-complétement dressés, et assez rares en tout pays.

Conjointement avec le talon et une opposition de main proportionnée à la sensibilité du cheval, la cravache sur l'épaule droite déterminera le départ au galop à droite ; mais, le galop une fois entamé, elle devra être replacée à la première position, c'est-à-dire près de la selle et la mèche vers la terre ; le talon agira comme le talon du cavalier, en se mettant d'accord avec l'action de la cravache et les effets de main. En général, je ne permets pas l'éperon aux dames ; il est utile pour le travail de haute école, exécuté en public par les écuyères, mais ce genre d'équitation n'est pas l'objet qui nous occupe. On dresse habituellement les chevaux de femme à galoper sur le pied droit seulement, parce que les femmes qui ont reçu peu de leçons et qui sont de travers sur leur selle, trouvent le galop à droite plus facile. Partant de ce fait, beaucoup de personnes n'enseignent pas aux dames à galoper à gauche. Qu'arrive-t-il? Si à la promenade une cause quelconque fait partir le cheval à gauche, l'amazone étonnée, effrayée même, croit sa sûreté tout à fait compromise. Pour éviter cet inconvénient, dès que l'élève sera solide et bien placée à droite, commencez à la faire galoper sur le pied gauche, sur un cheval facile, bien entendu. Elle se mettra bien vite en confiance à cette allure dont les réactions sont douces. Elle emploiera la cravache derrière les sangles pour déterminer le départ à gauche.

Une femme bien exercée à galoper des deux côtés et à tourner dans tous les sens à cette allure, pourra, dans une promenade, soulager son cheval ; vous savez combien s'use vite le cheval qui galope toujours sur le même pied.

Le départ au galop doit être travaillé avec beaucoup de soin ; s'il a été bien fait, le galop qui suit est facile à supporter et à entretenir. A cette allure le cheval ardent s'anime à chaque foulée, et la vitesse acquise lui inspire le désir d'aller plus vite encore. Le cheval calme ou froid a besoin d'être soutenu par la main et poussé en avant par les autres aides, afin de conserver son train.

Vous apprendrez à la dame à ranger les hanches du cheval et à le replacer droit. La cravache employée derrière les sangles par de petits attouchements isochrones, et aidée d'une opposition de la main, fera appuyer les hanches de droite à gauche.

Pour appuyer de gauche à droite, la dame se servira du talon par petits coups répétés, en tournant la pointe du pied en dehors, en reculant un peu la jambe, et en éloignant le moins possible le genou de la selle.

Tout ceci ne sera enseigné que lorsque l'amazone sera solide, gracieusement placée, et dirigeant bien son cheval en avant à toutes les allures et dans toutes les directions.

Du reste, je n'entreprends pas ici de suivre pas à pas les leçons à donner à une dame ; je me contente de donner, aussi brièvement que possible, les conseils que je crois les plus importants. Ils ne valent pas l'enseignement oral, mais ils ont l'avantage de pouvoir être lus et relus à loisir, et de se graver ainsi dans la mémoire.

Pour faire descendre une dame de cheval, l'animal étant arrêté et tenu par un aide, l'amazone abandonne les rênes sur l'encolure, déchausse l'étrier, dégage sa jambe droite de la béquille et la rapproche de la gauche en posant, pour s'appuyer, la main droite, qui tient la cravache (la pointe en bas), sur la seconde fourche ; alors elle se trouve assise en travers du siége de la selle, comme sur les selles à la fermière.

Elle met ses mains sur les épaules du cavalier qui s'est placé devant elle, et qui soutient sa taille avec ses deux mains pendant qu'elle se laisse glisser légèrement à terre. Pour ne pas descendre lourdement, elle devra plier moelleusement les genoux en touchant le sol. Il y a aussi une autre méthode, mais qui n'est pas praticable dans tous les cas, par exemple, lorsque la dame est très-petite et le cheval un peu haut. La voici : la dame, une fois assise en travers comme nous l'avons indiqué, conserve, comme premier point d'appui, la main droite sur la seconde fourche ; avec la gauche, elle prend un second point d'appui sur l'épaule droite du cavalier, placé de profil et à la portée convenable ; aidée de ces deux auxiliaires, elle saute à terre.

Quant au cheval de dame, on exigera de lui les qualités suivantes : avant tout une grande solidité, même sur les terrains un peu difficiles ; une taille moyenne. Le petit cheval rend l'amazone disgracieuse, et le cheval trop grand oblige le cavalier qui accompagne à en avoir un plus grand encore ; car rien n'est plus ridicule à voir que le couple formé par une dame haut perchée, ayant l'air de mener en laisse un homme placé au-dessous d'elle sur un cheval gros comme une chèvre. Vous demanderez aussi aux chevaux de dame un pas franc, un trot régulier, un galop uni, souple et cadencé. Les chevaux susceptibles de contre-temps, ou de brusques changements de pied en l'air, sont mauvais pour ce service. On travaillera les chevaux d'amazone pour le changement de pied en faisant cesser le galop et en leur donnant au pas la position nécessaire au nouveau galop. La sagesse, et j'entends par là l'absence de toute défense grave, telle que la pointe, la ruade, l'action de s'emporter, etc., est une condition dont le simple bon sens indique toute l'importance. Le cheval de dame, s'il est bien dressé, obéira aux moindres indications de la cravache et du talon ; il aura la tête placée de telle sorte que l'amazone ne sera pas obligée de se servir constamment, pour le mener, des rênes de bridon combinées avec celles de la bride.

Évidemment le cheval froid est le plus sûr, mais il n'est pas agréable à monter, et une dame qui est déjà avancée dans la pratique de l'équitation mènera facilement un animal vigoureux, s'il a les qualités requises plus haut, et si, malgré son ardeur, il ne tire pas à la main.

La plupart des conseils que j'ai donnés dans les précédents chapitres, pour le dressage des chevaux en général, s'appliquent aussi au dressage des chevaux de dame ; seulement, avec ces derniers, on doit insister sur l'emploi de la cravache comme aide, et non comme châtiment. On les habituera assez à son action pour que la simple pression de cravache fasse fuir aisément les hanches. Vous les monterez vous-même en selle de femme ; vous remarquerez que la position de l'amazone sur la selle attire toujours un peu les épaules du cheval à gauche ; que d'autre part l'absence du soutien de la jambe droite, place, surtout dans les commencements, l'animal de travers, de sorte qu'il échappe toujours à droite. Vous travaillerez donc à le maintenir droit entre la cravache et le talon. La selle de dame étant plus longue que la selle d'homme, pèse sur le rein, fait ruer les animaux ramingues, roule et se porte ne avant sur les épaules de ceux qui ont le ventre gros ou le garrot effacé.

La présence de la jupe étonne quelquefois les chevaux ; vous les y habituerez au bout de peu de leçons, à moins qu'ils ne soient foncièrement ombrageux ; tous les chevaux de selle ont eu sur le dos des couvertures dont le contact les a préparés à supporter le frottement léger d'un drap d'amazone ; néanmoins, si vous rencontriez là des difficultés trop grandes, je vous conseillerais de renoncer à l'entreprise ; avant tout il faut prévenir les accidents.

Vous veillerez tout particulièrement à l'immobilité *complète* du cheval au montoir et dans les arrêts en place.

———

N'accompagnez jamais une dame à la promenade sans connaître, pour l'avoir monté, le cheval qui lui est destiné.

Puisque je rends le cavalier qui accompagne responsable des accidents, il est juste de lui indiquer les précautions minutieuses qu'il est utile de prendre. Je lui dirai donc : choisissez une bonne selle, aux béquilles légèrement recourbées, au siége élevé relativement à l'arcade destinée à loger le garrot. Cette arcade place généralement la jambe droite plus haut que le siége, et dès lors il est difficile de prendre, pour s'enlever, un point d'appui sur le genou droit. Presque toutes les selles de femme tournent facilement quand elles ne sont pas posées tout à fait d'aplomb, ou que le cheval n'est pas suffisamment sanglé ; et une selle mise de travers gêne l'animal dans sa marche et rend la tenue de l'amazone très-fatigante. Une selle sera parfaitement installée si la pointe de l'arçon adhère bien à l'épaule et si cet arçon suit exactement, sans la toucher, la colonne vertébrale.

Vous ne vous mettrez en marche qu'après avoir examiné le harnachement, la position du mors et le degré de tension de la gourmette qui sera serrée en raison de la sensibilité de la bouche du cheval.

Le départ se fait-il dans l'intérieur d'une ville ou dans un endroit très-fréquenté, il faudra traverser au pas les rues ou les avenues encombrées de voitures et de piétons. En agissant ainsi, on satisfera d'abord aux convenances qui ne permettent pas à une femme bien élevée de provoquer l'attention sur la voie publique; ensuite on calme, on détend les chevaux encore contractés par le séjour à l'écurie ou énervés par l'attente et les divers préparatifs de la promenade.

Le premier départ au trot se fera sans surprise, sans secousse, et en réglant dès les premières foulées la vitesse de l'allure. Régler le trot, le conserver uni, égal et harmonieux pendant sa durée, c'est là une difficulté à vaincre, et en même temps un charmant objet d'étude pendant la promenade. Si le cheval que monte la

dame accompagnée a trois bonnes allures, — ce
que je lui souhaite, — on fera bien de les alterner souvent.

Le pas devra être accéléré; ne laissez jamais
l'animal se négliger et s'engourdir à cette allure. Le trot sera soutenu et aussi vite que le
permettront les moyens de votre monture; car,
nous l'avons déjà dit, si l'on exige d'un animal à
petits moyens une rapidité trop grande, on obtiendra un trot irrégulier, impossible à exécuter
en s'enlevant à l'anglaise, et en tout cas ridicule
à voir. Le galop sera cadencé, léger et rarement
vite ; l'amazone en soutiendra et en réglera la
mesure par des appels de main aidés quelquefois
du talon avec les chevaux froids. Voici une bonne
règle : aller vite au pas, vite et régulièrement au
trot, doucement au galop.

Écoutez enfin cette supplique que les chevaux
adressent à leurs cavaliers et tenez-en compte :

> In going up hill trot me not.
> In going down hill gallop me not.
> On the level road spare me not.
> In the stable forget me not [1].

[1].
> Dans la montée ne me trotte pas.
> Dans la descente ne me galope pas.
> Sur le chemin plat ne me ménage pas.
> A l'écurie ne m'oublie pas.

Quand vous accompagnerez une dame à la promenade, placez-vous à sa droite; d'abord, vous pouvez vous rapprocher davantage du cheval et porter plus facilement secours à l'amazone pour diriger et au besoin pour arrêter sa monture; ensuite, vous ne la gênez pas, si, par un cas fortuit, les chevaux viennent à se serrer l'un contre l'autre. Néanmoins, dans un encombrement de voitures, vous pourrez momentanément vous placer à gauche, pour garantir contre tout accident les jambes de la dame accompagnée.

Dans ces promenades montez un cheval facile et calme, et ne permettez pas qu'il dépasse celui de l'amazone.

Vous rencontrerez souvent des chevaux dont on vous vantera la sagesse, en vous affirmant qu'ils ont été montés par des dames; ne croyez les narrateurs qu'après avoir constaté par vous-même, en montant les chevaux en question, les qualités dont on les gratifie et leur aptitude à ce service.

Il faut recommander à la dame une grande attention dans la disposition et le maniement de ses rênes pendant toute la durée de la promenade; tout en causant, elle doit s'habituer, sans contention d'esprit, à s'occuper de son cheval et du terrain qu'elle a à parcourir. Stimulez, autant que possible, son amour-propre, en lui démontrant que l'adresse et la grâce à cheval ne s'improvisent pas, mais qu'elles sont le fruit d'un travail largement récompensé par le plaisir que donnent ses résultats.

Le cheval est-il peureux, toujours sur le qui-vive? cela peut être quelquefois dangereux, souvent ce n'est que désagréable. Il faut dans ce cas calculer avec sang-froid que, malgré le besoin de scruter tout ce qui l'entoure et de chercher à s'éloigner des objets qui l'inquiètent, il s'abandonnera volontiers à la main qui le dirige et qui lui a prouvé maintes fois sa justesse et sa sollicitude. Il est tard, le jour baisse, vous rentrez au logis à une bonne allure en regardant avec soin devant vous; mais vous n'avez pas aperçu un obstacle, un arbre en travers du chemin, un trou subitement creusé par les eaux, enfin un de ces accidents de terrain qui entravent la marche. Le cheval veille, il s'arrête, il fait un écart; avant de le pousser vivement en avant, assurez-vous de la cause de son hésitation, et agissez en conséquence.

Il est utile, en prévision de ces incidents, de faire remarquer aux dames que dans les mouvements variés des oreilles de leur monture, elles trouveront une source de renseignements sur ce que l'animal éprouve, et sur les conséquences probables de ses différentes impressions. Si le cheval pointe très en avant les deux oreilles, cela indique qu'il regarde le chemin avec inquiétude, ou qu'il a vu un objet lui paraissant effrayant : bientôt peut-être il se jettera de côté. Il faut alors sentir exactement le degré de pesanteur de sa tête, et être prête à le pousser en avant. En l'occupant alternativement avec les mains, le talon et la cravache employée sans brusquerie, on s'empare de son attention et on l'oblige à obéir en le détournant de l'intention de fuir ce qui l'effraye.

Quand il agite une seule oreille, avec des frétillements d'encolure, le voilà en velléité de sauts et de gaieté : On se tiendra sur ses gardes, et on le conduira franchement en avant à un train régulier et un peu allongé.

Si le cheval abaisse les oreilles sur son encolure — ce qu'on appelle les oreilles couchées, — tenez pour certain qu'il veut mordre ou frapper avec les pieds. C'est sa position défensive pour le combat : en effet, les oreilles placées ainsi ne dépassent plus la tête, et sont en sûreté contre les attaques des autres chevaux. Les animaux les plus doux, les mieux dressés, lorsqu'ils sont négligés, abandonnés, pour ainsi dire, par leurs cavaliers, jouent souvent avec le cheval voisin Le jeu commence par des essais de mordillement, et se termine par de véritables batailles. Ce sont des espiégleries qu'on doit arrêter dès le début, car une fois l'habitude prise, les chevaux deviennent insupportables en promenade, et ce défaut est long et difficile à corriger. Pour empêcher votre monture de réaliser ses projets de malice ou de méchanceté, dès qu'elle couche les oreilles en regardant le voisin, occupez-la, tournez-lui la tête en l'élevant, et portez-la en avant au besoin avec sévérité. Si vous sentez la croupe se tourner pour frapper, redressez le cheval en portant rapidement sa tête du même côté — ce qu'on appelle opposer la tête à la croupe, — le cas est urgent, agissez avec prestesse.

Enfin, lorsqu'un cheval laisse tomber négligemment ses deux oreilles sur le côté, il est fatigué, ou mou et indifférent à tout ce qui se passe autour de lui. Il faut pourtant distinguer le cas où l'animal a *naturellement* les oreilles mal plantées, manquant de mobilité, et parfois excédant les proportions ordinaires. Alors elles pendent de chaque côté et on dit que le cheval est oreillard. Les animaux ainsi conformés sont de nature inférieure et peu dignes du rôle de cheval de selle.

N'oubliez pas que les chevaux ont les yeux placés sur le côté, qu'ils voient derrière eux sans détourner la tête et en conservant l'encolure droite. Par conséquent, soyez sobres de mouvements de bras avec les animaux susceptibles ou nerveux ; un cheval qui vient d'être frappé, se sauve s'il aperçoit la cravache se lever.

Le cheval est un animal généralement mal connu et mal jugé ; il est de son naturel doux, craintif et porté à la soumission. Si quelquefois il occasionne des accidents regrettables, persuadez-vous que l'ignorance et la négligence humaines en sont souvent la cause première.

A propos de cet instinct de soumission, principale qualité du cheval, j'emprunterai les lignes suivantes à un amateur d'équitation qui écrivait au seizième siècle :

« On disait autrefois que le cheval voit les objets plus gros qu'ils sont dans la nature, c'est pourquoi il est incertain et poltron, et aussi soumis d'un bon cœur à l'homme, parce qu'il le croit beaucoup plus grand qu'il n'est réellement. Mais tous les animaux qui mangent de l'herbe

sont peureux ; ils ont besoin de se tenir continuellement en émoi, combien qu'ils ont un grand
nombre d'ennemis. Et aussi, comme le cheval,
ils ont les yeux placés sur les côtés de la teste,
les oreilles mobiles, et peuvent voir et entendre
pendant qu'ils sont occupés à chercher leur
nourriture.

« Et je vous déclare que si nous nous sommes
rendus maîtres du cheval, c'est que l'Être éternel
en le créant, a voulu donner à l'homme en même
temps que le suprême don de la parole et de
l'esprit, le moyen d'étendre sa puissance et ses
lumières. Car il se peut dire que par la puissante
et libérale main de Dieu, le cheval a vraiment
abondance de vertus de caractère, une conformation parfaite pour être monté et pour se rendre
à grande vitesse d'un lieu dans un autre. Partant donc, je vous le répète, le cheval pour
la grande crainte qu'il a des ordres de son
chevaucheur, devient par de bons enseigne-
ments, confiant, courageux, et passe sans
s'y refuser à côté d'objets qui l'effrayaient na-
guère.

« Or, ce n'est pas seulement par la vertu de la
capacité de ses yeux, mais bien par le don de
son instinct d'obéissance et de servitude, qu'il

surmonte toutes ses inquiétudes pour obéir fidèlement à celui qui le monte. »

C'est un préjugé très-répandu de croire que l'équitation, surtout celle des dames, devient une cause d'embonpoint ; autant vaudrait dire que la broderie détruit les yeux, que la danse élargit les pieds, et que le jeu de croket grossit les mains et déforme la taille. Pour être logique, il ne faudrait absolument rien faire de peur d'engraisser, et c'est là un joli paradoxe. En effet, en dehors des prédispositions constitutionnelles que l'on a rarement l'énergie de combattre, l'*inaction musculaire* presque absolue dans la vie féminine de notre époque, n'offre aucun contrepoids aux conséquences de l'alimentation excitante ou substantielle et des mille sensualités admises dans la société élégante. Voilà, suivant nous, la cause *vraie* de l'embonpoint quand il ne provient ni de l'âge, ni d'une prédisposition parfois héréditaire.

Depuis quelques années, les dames montent à cheval beaucoup plus qu'autrefois ; en cela elles imitent les Anglaises aux yeux desquelles les exercices de sport sont reconnus indispensables. Nos voisins comprennent depuis longtemps la nécessité de réagir contre les habitudes de mollesse que donnent le bien-être et la richesse d'un pays.

Avez-vous quelquefois assisté à la promenade traditionnelle qui se fait tous les jours à Londres, au Rotten-Row, entre midi et deux heures? Vous auriez pu vous convaincre, en voyant cette multitude de jeunes femmes et de jeunes filles sillonner la piste de Hyde-Park, que la promenade à cheval est pour les ladys un des actes importants de la journée. De beaux chevaux au type élégant, aux membres bien trempés, aux allures brillantes ; des amazones *comfortablement*[1] installées en selle, ayant cette confiance de tenue qu'une longue pratique donne nécessairement : tel est le tableau qui s'offre à vos regards.

Voyez cette jeune miss à la taille élancée, au corsage ferme et droit comme l'uniforme d'un horse-guards, à la jupe étroite et sans plis qui jamais ne se dérange ; peut-être ne se soucie-t-elle pas assez d'être gracieuse à cheval, mais avec quelle facilité, quel naturel elle trotte et galope, allant d'un groupe à l'autre, s'arrêtant, repar-

---

1. Nous prenons ce mot dans la véritable acception anglaise, entendant dire que tout est bien agencé et commode au point de vue de l'élégance *spéciale*, depuis la coiffure, le corsage et la jupe, jusqu'aux moindres détails de la selle et de la bride.

tant avec une aisance qui réjouit l'œil des spectateurs. Je dis spectateurs, parce que autour de la piste réservée aux chevaux, le monde élégant de Londres vient admirer les belles promeneuses et leurs montures et les regarde passer avec une curiosité sympathique et pleine d'intérêt. Voici venir encore trois sœurs suivies d'un groom ; la plus jeune a douze ans, et l'aînée, qui en a dix-huit, dirige sa petite troupe avec l'assurance d'un chef d'armée, galopant d'un bon train ou s'arrêtant pour causer avec les promeneurs à pied. Les dames sont ici comme dans un salon, ou plutôt comme chez elles, et le public ne les intimide point. En Angleterre, l'équitation n'est pas pour une femme un acte excentrique, presque audacieux, c'est une habitude élégante en même temps qu'un plaisir salutaire, un usage respectable et respecté parce qu'il contribue à l'amélioration ou à l'entretien de la santé.

Du reste, à Paris, le bois de Boulogne, comme belle promenade, n'a rien à envier à celles des autres pays, et chaque jour il devient plus pratiquement agréable aux cavaliers. Terrain doux et mobile, sans boue ni poussière, allées ombragées, abris en cas de pluie, montoirs pour les dames installés à l'entrée du bois, grandes avenues parallèles aux pistes, afin que les parents en voiture puissent suivre de l'œil leurs filles qui chevauchent, c'est vraiment l'image de l'Éden hippique. Aussi, le nombre des amazones s'accroît de jour en jour; au printemps surtout, les élégantes parisiennes parcourent[1] par centaines ces belles allées couvertes; elles n'ont pas, il est vrai, comme au Rotten-Row, un nombreux public assis pour les admirer ou même les critiquer — car la critique est voisine de l'éloge, dans notre pays, — mais la chose est surtout à regretter pour ce public, qui assisterait assurément à un charmant spectacle. Souples, gracieuses, irréprochables de goût dans leur attitude et dans leur costume, les dames françaises deviennent en peu de temps les amazones les plus accomplies du monde, comme elles en sont les plus charmantes femmes. Je n'ai pas pour cette remarque le privilége de l'invention.

1. J'en pourrais parler, non-seulement en connaissance de cause, mais pour ainsi dire avec des chiffres à l'appui; mais je crains d'être accusé de vouloir faire dans ce petit livre d'enseignement une réclame intempestive à mon nouvel établissement hippique de l'avenue de l'Impératrice construit récemment et spécialement destiné aux dames; aussi je m'arrête.... En est-il encore temps?

CHAPITRE XIII

ESSAI DU CHEVAL AVANT L'ACHAT.

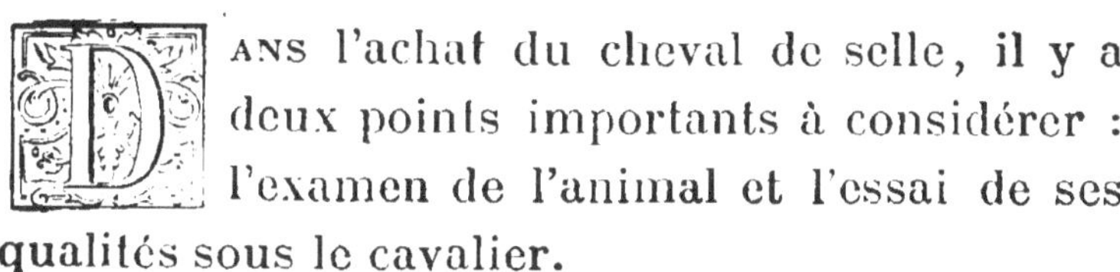

Dans l'achat du cheval de selle, il y a deux points importants à considérer : l'examen de l'animal et l'essai de ses qualités sous le cavalier.

L'examen méthodique, au point de vue de la santé, de la structure et des tares, sort du cadre que je me suis tracé ; cette question, maintes fois traitée par des écrivains de mérite, rentre dans la science hippologique, dont elle est la conclusion pratique. Je dirai seulement que peu d'acheteurs, en dehors des *gens de métier*, connaissent assez les qualités et les défauts physiques du cheval pour s'en rapporter à leur propre jugement et se dispenser de l'assistance d'un vétérinaire intègre et instruit.

L'essai du cheval monté est du domaine de l'équitation, et je ne veux pas terminer cet ouvrage sans en dire quelques mots.

Supposons donc que le cheval a été examiné au repos, et en mouvement à la main, au pas et au trot; il est trouvé sain et d'une conformation dont la régularité et l'élégance sont à peu près en rapport avec le prix que vous voulez mettre.

Avant de conclure le marché, demandez toujours : 1° à voir l'animal monté par le piqueur du marchand; 2° à le monter vous-même ensuite.

Si le vendeur refuse de vous accorder ces deux choses, laissez-lui son cheval, et félicitez-vous de connaître le proverbe arabe : « Prends garde de trouver un cœur de vache sous une peau de lion. »

En effet, un grand nombre de chevaux, habilement présentés à la montre, paraissent avoir de bonnes allures, tandis que, sous le poids du cavalier et en dehors des excitations momentanées du maquignonnage, ils demeurent sans moyens ou présentent des défauts ou des vices auxquels on ne s'attendait guère.

Vous examinerez avec soin le cheval monté aux trois allures.

Vous verrez tout d'abord s'il est facile au montoir. Couche-t-il les oreilles à l'approche du cavalier, il est probablement chatouilleux ou quinteux et susceptible ; néanmoins cette susceptibilité n'est souvent qu'apparente, et ne recèle pas fatalement un principe de mauvais vouloir. En montant le cheval, vous apprécierez mieux la nature et la portée de son irritabilité ; vous la mettrez progressivement à l'épreuve par les aides.

En général, tenez pour difficile, et même très-difficile, le cheval qui résiste entre les jambes du piqueur désigné par le marchand pour le monter devant vous.

Le cheval qui voûte le rein en contre-haut au départ est sujet à bondir ; ici ce n'est pas de la gaieté, les marchands présentent leurs chevaux *prêts* et jamais trop gais.

Si, au bout de quelques pas, le rein ne se détend pas, vous vous méfierez de la nature rétive et aussi du manque de franchise dans les allures.

Le cheval qui, au contraire, fléchit brusquement le rein, au moment où l'homme se met en selle, est faible dans cette partie; et vous savez que les chevaux faibles des reins reculent avec peine, se bercent en marchant, forgent au trot, galopent mal, franchissent difficilement les obstacles les plus ordinaires. Ce défaut, moins grave chez les chevaux d'attelage, est capital chez le cheval de selle.

Celui qui remue constamment la queue, en la faisant fouetter, est un rueur qui ne supporte ni les jambes ni l'éperon; un cheval peut, malgré cela, avoir de grandes qualités pour le service.

Celui dont les oreilles sont toujours dirigées en avant, et qui regarde tout d'un œil hagard, est un cheval peureux. Tenez-vous sur vos gardes quand vous le monterez; mais, si les yeux sont bons, ne le rejetez pas à cause de la timidité naturelle qui le rend ombrageux.

La plupart de ces chevaux, bien menés, finissent par s'enhardir et ne plus se préoccuper autant des objets qui les ont d'abord effrayés.

Il ne faut pas s'étonner de voir les chevaux sages très-recherchés; ce fait est heureux pour l'équitation, puisqu'il oblige les éleveurs et les marchands à recourir à la science du cavalier. Du reste, les chevaux rétifs finissent toujours mal. Quand un long dressage parvient à les rendre à peu près maniables, ils ne commencent à rendre des services que lorsqu'ils sont déjà ruinés et avilis par les luttes incessantes; et alors que devient la durée de ces services?

La franchise dans la marche, les mouvements aisés, libres et élevés des épaules au pas et au trot, dénotent un cheval exempt de fatigue et de souffrances. Un galop **un peu enlevé**, mais surtout bien rhythmé, annonce des jarrets solides et des reins bien attachés.

En résumé, observez en cavalier, en homme qui a passé en revue les différentes qualités et les diverses défenses des chevaux, celui qui est monté devant vous. Dans son incertitude, dans ses hésitations aux aides, votre instinct équestre vous fera bientôt deviner le degré de vigueur dont il est susceptible, aussi bien que la nature des luttes auxquelles il peut donner lieu.

Certes, la marchandise la plus difficile à vendre ou à acheter est celle qui n'a pas été fabriquée par la main des hommes, mais qui est soumise aux applications si nuancées des lois qui régissent la nature animale. Aussi on se prétend souvent trompé, tandis qu'il faudrait dire que l'on s'est trompé.

Le marchand de chevaux est intéressé, comme négociant, à vendre le plus grand nombre possible de chevaux, en contentant, s'il le peut, tous ses clients. Mais il a souvent affaire à une catégorie d'acheteurs qui dissimulent leur profonde ignorance du cheval sous un prétentieux verbiage parsemé de mots techniques. Accompagnés de leurs amis, ils parcourent les écuries en dénigrant à tort et à travers tous les animaux qui s'y trouvent, et lorsqu'un d'eux leur est présenté, ils font chorus d'observations malveillantes, lui trouvant précisément les qualités et surtout les défauts qu'il n'a pas.

Pourquoi donc, au lieu de tenir à passer pour connaisseur aux yeux du marchand, ne tenez-vous pas simplement à avoir un bon cheval ?

Vous ne trompez pas le marchand, mais vous risquez fort d'acheter une rosse. Si vous disiez à quel service le cheval est destiné, les qualités que vous recherchez, la somme approximative que vous voulez mettre à votre acquisition, le degré de votre talent équestre, je ne vois pas en vertu de quelles raisons commerciales un marchand, muni de ces renseignements, aurait intérêt à vous mal servir.

Mais en causant ainsi je distrais votre attention du cheval que vous voulez acheter; revenons à notre affaire.

Le piqueur est descendu, la vue du cheval monté par lui n'a pu vous donner qu'une idée imparfaite de sa valeur réelle; il est indispensable que vous le montiez vous-même.

Avant de mettre le pied à l'étrier, examinez l'œil du cheval, non pas pour constater son intégrité anatomique, mais pour observer l'expression du regard. Il y a chez les animaux des êtres faux et dissimulés, aussi bien que des natures franches et ouvertes. Le regard vous fournira sur le caractère des indices précieux.

Montez à cheval avec circonspection; vous avez affaire à un inconnu, ne l'oubliez pas. Laissez marcher le cheval librement au pas, afin de juger plus facilement de la franchise de cette allure, qui est la mère de toutes les autres. Le pas régulier, prompt, sûr et léger, n'appartient qu'aux animaux heureusement doués.

Au pas, vous étudierez, vous devinerez en quelque sorte le cheval; vous vous rendrez compte de sa sensibilité nerveuse, dont l'excès est parfois nuisible. Mais n'hésitez pas à refuser impitoyablement celui qui manque complétement de cet influx nerveux sans lequel l'organisation reste faible et languissante, ne prenez pas pour de la sagesse, cette mollesse que possède à un haut degré le cheval paresseux, qui se retient, et réserve son énergie pour se défendre obstinément. Posez les rênes sur le cou; abandonné à lui-même, l'animal laisse mieux apercevoir ses défauts. Écoutez-le marcher, et remarquez si le pied pose d'aplomb en frappant le sol sans hésitation. Si, dans leur poser, les pieds postérieurs couvrent la trace laissée par les antérieurs, et, à plus forte raison, s'ils la dépassent, le sujet a une arrière-main solide et de la vitesse au pas.

Le pas décousu et lent est le signe d'une organisation incomplète.

Le cheval a-t-il butté une fois? continuez à marcher le pas, afin de vous assurer si le fait est accidentel ou habituel. Il est entendu que la récidive vous fixera à cet égard.

Au trot, appuyez le cheval sur le bridon, et gardez-vous de prendre pour un cheval d'action celui que ses mauvais jarrets obligent à peser sur la main, en plongeant la tête vers la terre. Celui qui refuse le point d'appui au trot, et secoue la tête en faisant le mouvement d'encenser, supporte difficilement le poids de l'homme.

Pourtant, si les reins sont bons, le dressage, en fixant la tête, donnera un meilleur emploi aux forces du cheval, et ce n'est qu'une question de travail pour vous, si vous achetez.

Le cheval court-jointé est solide; ses réactions sont dures; le cheval au trot doux est souvent long-jointé, il s'usera vite, et, s'il manque de sang, il vous donnera peu de garanties de solidité.

Quant à celui dont les réactions sont dures, parce qu'il ne se porte pas en avant et qu'il pique le terrain, c'est un cheval sans épaules, ou un animal ruiné qui a donné tout ce qu'il avait. La vitesse au trot est rare en France; on commence à la rechercher davantage.

Fuyez les chevaux qui ne vont vite que grâce au traquenard. Outre la laideur qui lui est propre, cette allure indique un animal surmené, usé, ou faible de reins.

Je ne vous parlerai pas des chevaux d'amble

ni de ceux de pas relevé, dont les allures, jadis recherchées pour les voyages, ne sont plus admises aujourd'hui.

Le cheval à grands moyens vous découvrira ses ressources de lui-même, et immédiatement.

Cessez par intervalles de donner au cheval un appui sur le bridon, rendez-lui toute liberté, et laissez-le trotter sans aucun secours ; il vous donnera ainsi une juste idée de ce qu'il peut par le seul fait de l'agencement bon ou mauvais de ses ressorts naturels.

Voulez-vous maintenant juger du maximum de vitesse dont le cheval est susceptible au trot ; redonnez-lui un point d'appui sur la main, sans rien prendre sur l'impulsion. Je m'explique : ne tirez pas à vous, mais fixez vos mains de façon que le cheval, poussé par les aides, soit forcé de s'appuyer sur le soutien que vous lui offrez. Ainsi vous aurez le trot dans toute son étendue, surtout si, poussant progressivement en avant, vous élevez graduellement les poignets ; bientôt vous saurez à peu près le parti que vous pourrez tirer de votre monture.

Le cheval qui forge est un animal à petits moyens ; son service n'est bon que si l'on n'exige pas de lui une vitesse en dehors de ses facultés.

S'il est jeune, le défaut de forger est dû au manque de force; l'âge et un travail régulier y remédieront.

Essayez le galop avec sagesse et surtout avec simplicité. Le cavalier simple est celui qui ne cherche pas, dans un but d'amour-propre, à obtenir, par des oppositions soutenues de mains et de jambes, des mouvements brillants et compliqués, chez un cheval qu'il doit supposer *neuf*.

Pour essayer un cheval, il ne faut pas falsifier son galop naturel par des effets de *ramener* et de *rassembler* difficiles à obtenir d'une part, et qui, d'autre part, empêchent de juger l'allure réelle du sujet.

Le cheval au galop enlevé du devant, droit et régulier dans ses foulées, soutenant longtemps son mouvement, est, soyez-en certain, le meilleur cheval de promenade que vous puissiez rencontrer.

Plusieurs changent de pied très-souvent, et secouent le cavalier par des contre-temps secs et déplaçants. Quand la cause de ce fait n'est point due à des jarrets souffreteux et affectés d'éparvins, on peut l'attribuer à la manière dont les chevaux ont été montés précédemment.

On trouve souvent ces changements de pied inattendus chez des animaux énergiques qui ont été mal menés par des cavaliers peu solides, à la main dure et aux jambes mobiles. Le dressage les corrige en peu de temps.

Les chevaux désunis au galop ont été mal montés, ou bien ils ont des reins longs et mous, et des jarrets faibles ou tarés. Quand ils sont vieux, il n'y a pas de remède ; mais chez les jeunes chevaux qui cherchent, par la désunion, à rompre un galop qui les fatigue, la nature est souvent assez puissante pour redresser et transformer à la longue une allure très-irrégulière au début.

Un pas et un trot satisfaisants peuvent vous rendre moins exigeant sur la perfection du galop, qui sera, dans ce cas, une œuvre de dressage très-intéressante pour vous.

Le cheval qui, sans être excité par un grand emploi des aides, se livre franchement et vigoureusement aux trois allures, quels que soient son âge, son origine ou son poil, a en lui l'étoffe du plus agréable et du meilleur cheval de selle. « Par la tête du Prophète, il est de noble race, » comme on dit au Sahara.

Pour interroger, si je puis m'exprimer ainsi, le

degré de sensibilité du cheval aux aides, employez-les progressivement, et après vous en être totalement abstenu pendant un premier essai qui vous aura déjà peut-être donné quelques indices.

Essayez toujours dehors les chevaux que vous voulez acheter, et non pas dans le trottoir du marchand, où ils ont été préalablement exercés. Tenez compte de la surexcitation provoquée par le gingembre ou par les coups de fouet administrés d'avance à l'écurie.

Jugez avec calme, considérez qu'il n'y a pas de cheval parfait, et que les très-bons chevaux sont rares et de haut prix. Il faudra donc passer sur certains défauts, en raison de la modicité de la somme que vous voudrez consacrer à votre achat.

Sauf un cas grave, tel qu'une boiterie, un vice rédhibitoire, ou un danger permanent pour vous ou pour vos domestiques à cause de la méchanceté du cheval, n'hésitez pas à garder au moins quelque temps l'animal que vous avez acheté.

Il est probable que grâce à vos soins et à un dressage qui ne sera pas sans charme pour vous, si vous êtes vraiment amateur, il vous donnera plus de satisfaction que les échanges successifs que vous pourriez faire.

Il vaut mieux, à mon avis, acheter un cheval de petits moyens qu'un animal atteint d'une maladie quelconque ; les Arabes, que l'on peut souvent citer avec profit, disent : « Ruiné, fils de ruiné, celui qui achète pour guérir. »

Un jeune cheval, fatigué par un travail prématuré, ou rebuté par un emploi inepte, est encore plein de ressources qui peuvent être exploitées. Un vieux cheval désagréable ne deviendra jamais meilleur. Écoutez cet autre dicton africain : « La jeune branche se redresse sans grand travail, mais le gros bois ne se redresse jamais. »

Ne vous attachez pas exclusivement à certaines robes. Les couleurs bizarres cachent quelquefois un vaillant coursier.

La plupart des cavaliers se font un idéal de cheval duquel rien ne peut les détourner, c'est un tort : il faut aimer les chevaux en connaisseur, et non en amoureux. Les amoureux aussi se créent un idéal, une beauté dont le type existe dans leur imagination ; ils croient parfois rencontrer la réalisation de ce type, et ils ont de cruelles déceptions quand c'est tout simplement la photographie odieusement ressemblante d'un modèle charmant.

Contentez vos goûts, mais sans en entraver la satisfaction en courant après des chimères. Vous pouvez détester les chevaux à réactions dures, maudire les galopeurs, préférer un bon serviteur à un joli cheval, le fond au brillant, la vitesse à l'élévation des allures ; vous pouvez aussi bien préférer le contraire et diriger vos recherches en conséquence. La mère des chevaux, dit-on, en produit pour tous les goûts ; si c'est vrai, elle a une rude besogne. Quant à moi, je vous engage à avoir des prétentions modestes, ou plutôt sé-rieuses. Si vous trouvez un cheval sain, franc d'allures, et à peu près approprié au service que vous voulez en exiger, tenez-vous pour satisfait, et ne vous tourmentez pas outre mesure de la longueur des balzanes, de la couleur et de l'é-paisseur des crins, de la beauté des oreilles, du toupet ou des yeux.

Quelques-uns tiennent absolument à une race, les uns veulent un cheval de pur sang, d'autres un anglo-normand, d'autres un cheval de Tarbes, etc. Rien ne saurait les faire démordre de leur idée fixe. Ils aiment mieux acheter une rosse provenant de l'origine qu'ils préconisent, qu'un bon cheval venant d'ailleurs.

Autant la question de l'origine est grave quand il s'agit de la reproduction des êtres, qu'elle sert en quelque sorte à réglementer; autant elle est utile à connaître à celui qui achète un poulain pour l'élever, parce qu'elle est une présomption de l'avenir; autant elle demeure indifférente dans l'âge où le cheval est devenu le fils de ses œuvres, et où on doit le juger, non par ses aïeux, mais par ses allures.

En achetant un cheval, tenez compte de votre poids et de votre taille; celui qui doit porter un homme lourd doit avoir des reins larges et des membres puissants. Pour les services prolongés et pénibles, les chevaux froids sont préférables. Pour la promenade, au contraire, on aime à avoir dans les jambes une monture éveillée, remuante, et assez animée pour occuper et distraire le cavalier.

Les conseils qui précèdent, rédigés en courant, sont très-incomplets, et auraient besoin, pour être à l'abri de la controverse, de longs commentaires que je laisse au tact et à l'intelligence des lecteurs. Ce petit livre est écrit de bonne foi et dans le seul but d'être utile aux amateurs de chevaux ; je m'estimerai heureux s'il peut contribuer à faciliter les progrès et accroître les connaissances de quelques hommes aimant sincèrement l'équitation.

TABLE

PARIS — IMPRIMERIE A. LAHURE

9, Rue de Fleurus, 9